W0249093

PARTE GENERALE

CAPITOLO I. CLASSIFICAZIONE DEL DIRITTO TRIBUTARIO NELL'AMBITO DELLE SCIENZE GIURIDICHE.

Diritto finanziario,diritto tributario e contabilità di Stato.

L'attività finanziaria è propriamente l'attività di acquisizione, gestione e spesa delle risorse economico-finanziarie indispensabili allo Stato e agli altri enti pubblici minori per assolvere le molteplici funzioni loro demandate.

Il diritto finanziario è quella branca del diritto pubblico che regola tale attività, ovvero la raccolta, la gestione e l'erogazione delle risorse economiche da parte degli enti pubblici. Data la grande eterogeneità di norme che lo compongono, il complesso è stato scisso dalla dottrina in due discipline giuridiche distinte:

-Contabilità di Stato- che disciplina istituti di natura privatistica, e comprende norme:

a)sull'amministrazione dei beni dello Stato; b) sulla formazione dei contratti; c) sull'approvazione e la gestione del bilancio; d) sulla gestione della cassa e delle operazioni finanziarie in senso lato; e) sul rendimento dei conti sulla responsabilità dei pubblici funzionari per i danni recati all'erario.

-Diritto tributario- che disciplina istituti a rilevanza pubblicistica. Il suo oggetto è costituito dal complesso di norme che disciplinano l'attività dello Stato e degli enti pubblici minori atta al procacciamento, in forza del potere di supremazia loro attribuito dalla legge, delle risorse finanziarie (i tributi) necessarie al conseguimento delle loro finalità. Va sottolineato che il diritto tributario non esaurisce, però, i suoi fini nel prelievo dei tributi e nella irrogazione delle relative sanzioni pecuniarie a carico e trasgressori: a partire dal ventesimo secolo esso assolve altresì compiti di incentivo di certe attività, di disincentivo di altre. Sotto questo aspetto si tratta di un diritto con funzione ora garantista, ora promozionale.

Rapporti tra diritto tributario e le altre branche del diritto; l'autonomia del diritto tributario.

Il diritto tributario possiede molti punti di contatto con altre importanti discipline giuridiche (con il diritto amministrativo, quelle diritto costituzionale, con il diritto privato, con il diritto penale, con il diritto processuale civile)ed è stato storicamente considerato come un'appendice della scienza di finanze o come ramo del diritto amministrativo.

Partendo col precisare che sussiste **autonomia di una branca del diritto** qualora essa possieda: **1)** principi peculiari cui attingere per la creazione delle norme; **2)** tecniche interpretative proprie e diversificate rispetto a quelle utilizzate nei settori contigui, appare difficile negare autonomia al diritto tributario sostanziale o materiale: esso infatti nella sua doppia valenza di regola **di garanzia** per il contribuente, a subire un'imposizione "giusta" **e di regola a tutela della cosiddetta "ragion fiscale"** pone alla propria base il canone fondamentale della capacità contributiva.

Quanto ai problemi di ermeneutica, altra peculiarità del diritto tributario è la sua natura di diritto di secondo grado, il che evidenzia che tale disciplina deve impiegare, in materia di interpretazione, tecniche argomentative peculiari rispetto al diritto amministrativo e rispetto al diritto privato.

È quindi possibile affermare che il diritto tributario sia un diritto autonomo.

Capitolo II. Le entrate coattive degli enti pubblici e il concetto di tributo.

La classificazione delle entrate degli enti pubblici.

Le risorse economiche che lo Stato e gli enti pubblici minori utilizzano per svolgere le funzioni loro demandate possono provenire da due fonti:

1. entrate pubbliche di diritto privato, prodotte attraverso l'amministrazione dei beni pubblici mediante la stipulazione di negozi di diritto privato (affitti, vendite…), mediante la gestione di imprese pubbliche o tramite il compimento di altri atti e fatti a rilevanza privatistica (emissione di Bot, CCT…);

2. entrate pubbliche di diritto pubblico o di tipo coattivo, cioè risorse economiche che provengono allo Stato in forza dell'esercizio della potestà di prelievo coattivo disciplinata dalla legge. A loro volta questo tipo di entrate si distingue in:

a) prestazioni a carattere sanzionatorio: hanno natura pecuniaria e costituiscono l'oggetto dell'obbligazione del trasgressore disposta dalla legge per la violazione di un dovere giuridico;

b) prestiti forzosi: sono forme di finanziamento (mutuo) imposte dallo Stato, che costringe determinati soggetti a versare denaro o ad acquistare e conservare i titoli del debito pubblico per un certo tempo, con diritto, a favore dei soggetti stessi, al rimborso della somma mutuata e degli interessi, secondo termini e modalità determinati dall'ente pubblico;

c) prestazioni parafiscali: prestazioni pecuniarie che privati sono tenuti ad effettuare, in base alla legge, a determinati enti pubblici (Inps, Inail…) al verificarsi di determinati presupposti di fatto;

d) espropriazioni per causa di pubblica utilità: lo Stato con l'espropriazione consegue un entrata di tipo coattivo, che consiste generalmente nell'acquisto della proprietà di beni in natura, bilanciato dal versamento di un equo corrispettivo versato al soggetto che subisce la perdita del diritto reale sul bene espropriato.

Il tributo.

Il tributo consiste in un'obbligazione che ha ad oggetto una prestazione, normalmente pecuniaria, a titolo definitivo.

Tale obbligazione nasce direttamente o indirettamente dalla legge ed è perciò o attiva; la nascita dell'obbligazione si ha contestualmente al verificarsi di un presupposto di fatto che non è mai un illecito.

Le entrate tributarie sono: a) impignorabili; b) non assoggettabili ad altre forme di imposizione; c) le cause relative alle entrate tributarie ricadono nella giurisdizione del giudice ordinario, quindi sono di competenza esclusiva del tribunale;d) legittimano l'esistenza di norme che, in deroga all'articolo 14 costituzione che sancisce l'inviolabilità del domicilio, autorizzano ispezioni per l'accertamento di atti di evasione di imposte e tasse; e) spiegano l'operatività dei divieti posti dall'articolo 20 costituzione (divieto di speciali gravami fiscali per fini religiosi),dall'articolo 75 costituzione (divieto di referendum abrogativo per leggi tributarie) e dall'articolo 81 costituzione (divieto della legge di approvazione del bilancio stabilisca nuovi tributi e nuove spese).

La categoria delle entrate tributarie ha quindi grande rilevanza giuridica.

Nell'ambito dei tributi essi si distinguono in:

-imposta;

-tassa;

-contributo (cosiddetto tributo speciale);

- monopolio fiscale.

Tuttavia questa classificazione non risulta appagante, ed è più esatto distinguere tra :

- imposte;

-tasse;

- imposte ecologiche ed ambientali.

L'imposta.

L' imposta è un tributo la cui funzione è quella di attuare il concorso alla spesa pubblica: può essere definita come un'obbligazione di riparto di oneri economici pubblici, poiché ciascun contribuente è debitore di una quota insieme agli altri contribuenti.

Ogni legge di imposta determina i soggetti passivi della contribuzione ed i relativi indici di riparto ovvero quei fatti o situazioni dai quali si fa dipendere la determinazione della quota di contribuzione relativa a ciascun singolo e alla quale corrisponde il diritto individuale di imposta; di regola si usano indici espressivi di forza economica.

L'obbligazione di imposta è un'obbligazione coattiva.

Quanto al rapporto tra contribuenti, ognuno di essi ha la pretesa ad un equo riparto di carico pubblico complessivo, per cui l'obbligazione di imposta è irrinunciabile: mentre in diritto privato il creditore può rinunciare al suo credito, il creditore tributario non può farlo perché egli è titolare di un credito che rappresenta una quota.

In definitiva: l'imposta è un'obbligazione pubblicistica e indisponibile, generalmente pecuniaria, a titolo definitivo, che deriva direttamente o indirettamente dalla legge e che costringe il soggetto obbligato a partecipare secondo un determinato indice di riparto al finanziamento delle spese pubbliche.

La tassa.

La tassa è una prestazione pecuniaria coattiva che il soggetto passivo è tenuto a corrispondere all'ente pubblico in relazione alla fruizione del servizio pubblico o di un'attività pubblica (amministrativa o giurisdizionale). Generalmente il servizio pubblico viene fornito su richiesta del soggetto e produce un beneficio a vantaggio di quest'ultimo; tuttavia la domanda del soggetto e il beneficio dello stesso non sono requisiti essenziali della tassa (ad esempio la tassa giudiziaria da chi ha assorbito un processo penale).

Quanto alla definizione del concetto giuridico di tassa, vi sono **due ordini di motivi che ostacolano l'attività Definitoria :**

a) l'esistenza di tasse volontarie configgere col postulato della tassa quale obbligazione coattiva;

b)il dubbio sull'appartenenza o meno alla categoria delle tasse di molti corrispettivi di pubblici servizi (fornitura di gas, acqua, elettricità ...) evidenzia la natura ibrida dell'istituto.

Per la definizione bisogna allora considerare la disciplina giuridica del rapporto posto in essere, così da poter capire se il corrispettivo dovuto dal fruitore del pubblico servizio costituisca tassa (prestazione coattiva) oppure corrispettivo di diritto privato:

-se la fonte del rapporto è un contratto, e ad esso risulta applicabile la normativa di diritto privato sull'adempimento e sulla risoluzione, la contropartita economica del servizio costituisce corrispettivo di diritto privato; se invece se tale disciplina non risulta applicabile si tratta di una tassa;

- se non esiste un contratto e l'atto- fonte del rapporto non è previsto né disciplinato contrattualmente, occorre guardare alla disciplina dell'adempimento dell'obbligazione e dell'acquisizione dell'entrata: se il procedimento acquisitivo prevede l'utilizzo di strumenti quali l'atto di imposizione, l'autotutela esecutiva, l'autotutela sanzionatoria ... l'entrata che ne deriva è contraddistinta dalla coattività vita ed è perciò una tassa; in caso contrario si tratterà di corrispettivo.

La distinzione tra tassa e corrispettivo è importante perché solo i corrispettivi di diritto privato sono assoggettabili ad imposta, mentre le tasse no.

La distinzione tra tassa e imposta può essere tracciata in relazione al presupposto dell'obbligazione: la tasse dovute in relazione alla fruizione del servizio pubblico od in attività resa dall'ente pubblico all'obbligato; l'imposta nasce in relazione alla situazione di fatto che presenta i connotati di indice di riparto riferibile al soggetto passivo (percezione di un reddito, possesso di un patrimonio, stipulazione di un negozio giuridico...) al fine di attuare la contribuzione alla spesa pubblica.

Tale distinzione rileva in relazione a disciplina costituzionale: la giurisprudenza circoscrive la sfera di applicazione del principio di capacità contributiva (articolo 53 costituzione) alle sole imposte; inoltre l'articolo 53 non predispone la garanzia del soggetto tassato, e in relazione alla tassa operano le seguenti regole:

1. la tassa non è dovuta o, se è stata pagata, deve essere restituita se il servizio non è stato reso per fatto imputabile all'ente pubblico erogatore;

2. l'ammontare della tassa non può mai superare il costo del servizio reso;

3. solo per i servizi che attengono ai bisogni essenziali o irrinunciabili della vita, deve essere rispettato il canone della capacità contributiva e quindi i relativi oneri non possono essere addossati a chi difetta di tale capacità.

Il contributo.

Nel diritto tributario il contributo non ha autonoma collocazione, ma i vari contributi possono essere ricondotti all'istituto dell'imposta o a quello della tassa.

a) Contributo di utenza stradale.

È, a ben vedere,una super tassa di circolazione speciale, che si cumulava con l'ordinaria tassa di circolazione,ed era riservata ad una ristretta platea dei contribuenti(soggetti che, in ragione dell'esercizio di un'industria di un commercio, col transito dei loro veicoli determinavano un'eccezionale logorio delle strade) in ragione della fruizione da parte dei soggetti tassati di un determinato servizio pubblico (più intenso uso delle strade comunali). Pertanto si trattava in realtà di una tassa.

b) Contributo di urbanizzazione previsto dalla legge Bucalossi.

Questo contributo è collegato:

- all'ammontare dei costi sopportati dall'ente pubblico perché possa avere luogo l'edificazione (spese comunali di urbanizzazione);
- al valore economico del diritto ad edificare concesso dall'ente pubblico al privato desunto dall'entità dei costi che il privato dovrà sopportare per effettuare la costruzione.

In entrambi i casi ci troviamo di fronte ad una tassa.

c) Contributo al servizio sanitario nazionale.

Presentava natura di imposta sul reddito in quanto assumeva a suo presupposto di fatto il reddito della persona fisica.

d) Contributi di miglioria generica e specifica.

Il contributo di miglioria generica colpiva l'incremento di valore delle aree fabbricabili in relazione all'espansione dell'ambito e al complesso delle opere pubbliche eseguite dall'ente locale.

Il contributo di miglioria specifica colpiva l'incremento di valore subito dagli immobili per effetto dell'esecuzione di un'opera pubblica specifica.

In entrambi i casi si era in presenza di imposte volte a colpire plusvalori patrimoniali, aventi il carattere della specialità (perché l'imposizione è riservata ad una cerchia limitata di soggetti) e della straordinarietà (il prelievo viene compiuto una sola volta in relazione all'opera compiuta).

Il monopolio fiscale come normale imposta sulle vendite.

Lo Stato può riservare una determinata attività economica ad un soggetto specifico per perseguire gli scopi più vari, con il suo limite derivante dall'utilità generale (articolo 43 Costituzione).

Il soggetto operante in regime di monopolio è l'unico ad avere il diritto di produrre, commercializzare, importare beni di una certa categoria, con l'effetto di poter fissare prezzi superiori a quelli che si formerebbero in un mercato a concorrenza perfetta.

I monopoli possono essere istituiti per attribuire all'erario una parte dei corrispettivi derivanti dalle operazioni commerciali poste in regime monopolistico, così da generare gettito per finanziare le spese pubbliche: la parte di corrispettivo riservata all'erario rappresenta così un tributo vero e proprio.

L'entrata pubblica derivante dal monopolio è inquadrabile nel novero delle imposte sulle vendite.

I monopoli fiscali attualmente in vigore sono quello dei tabacchi lavorati,delle sigarette e quello del gioco del lotto.

Il tributo con funzione risarcitoria e indennitaria : i prelievi coattivi ecologici ed ambientali.

Prendendo in esame il contributo di utenza stradale e la tassa giudiziaria, possiamo configurare una sottospecie di prelievi tributari coattivi che trovano il loro presupposto in un danno e hanno funzione sanzionatoria.

Nel caso dei tributi ambientali il presupposto consisterà nella correlazione causa-effetto tra l'attività espletata e gli effetti negativi manifestatisi sull'ambiente.

Il catalogo delle misure a disposizione dell'ente impositore per neutralizzare gli effetti dannosi ed indesiderati di quelle attività è variegato: si va dall'ipotesi della sanzione(penale o amministrativa) a quella della mera statuizione di applicazione degli istituti privatisti del risarcimento del danno e dell'azione di ingiusto arricchimento. Tra le due ipotesi estreme emerge una zona intermedia riservata ai tributi indennitari.

Capitolo III. Le norme tributarie.

Premessa.

La norma è un enunciato prescrittivo condizionale. Le fonti sono atti o fatti che pongono in essere il diritto e tra di esse, si distinguono le fonti di produzione (scritte o non scritte; il diritto tributario è costituito quasi esclusivamente da fonti scritte) da quelle di cognizione.

I rapporti tra le fonti possono essere regolati in base al criterio gerarchico o secondo il criterio di parità.

La Costituzione è la fonte di rango più elevato di ogni ordinamento; essa contiene molte norme sulla produzione del diritto tributario:

- articolo 23:fissa come unica fonte del tributo la legge;
- articolo 75, secondo comma:vieta il referendum abrogativo per le leggi tributarie;
- articolo 81, terzo comma: vieta di imporre nuovi tributi a mezzo della legge di approvazione del

bilancio statale;

- articoli 117 119: disciplinano la potestà legislativa concorrente tra Stato e regioni;
- articolo 120: dispone il divieto di istituire dazi d'importazione, esportazione o transito tra regioni.

Le suddette norme disciplinano la competenza delle fonti e vanno distinte da quelle sostanziali che delimitano il contenuto che una certa fonte può assumere. Le norme della costituzione che regolano la giustizia nell'imposta sono gli articoli 2,3,41,53,97,117.

La legge in senso formale e gli altri atti muniti di forza di legge (decreti legge e decreti legislativi).

Per legge in senso formale si intendono gli atti normativi emanati dal Parlamento e promulgati dal Presidente della Repubblica in conformità alla procedura fissata dagli articoli 71-74 costituzione. Essa è subordinata alle leggi costituzionali, ma preminente rispetto alle altre fonti.

La legge in senso formale si caratterizza per una particolare efficacia-forza: a)può abrogare le norme contrarie e anteriori di pari rango; b) può eliminare norme pregresse e contrarie emesse da fonti inferiori;c)resiste e prevale sulle norme contrarie posteriori provenienti da fonti inferiori; d) è soggetta al solo sindacato di legittimità costituzionale.

L'efficacia della legge formale è estesa anche agli atti aventi forza di legge.

A) I decreti legislativi.

Posto che il tecnicismo e la complessità della normativa tributaria mal si conciliano con le discussioni parlamentari, in materia tributaria è assai frequente il ricorso ai decreti delegati. Va ricordato che la legge di delega deve essere: a) deliberata dal Parlamento mediante procedura ordinaria, b) rivolta al Governo per un oggetto limitato o per oggetti definiti e c) deve contenere principi e criteri direttivi cui il Governo deve uniformarsi.

B) I decreti legge.

In campo tributario anche questa fonte trova ampia applicazione: il ricorso al decreto-legge consente di elevare il livello delle aliquote e di applicarle immediatamente senza determinare rendite fiscali e contrazione del prelievo; quando si deve provvedere con urgenza ad una spesa, il decreto legge è lo strumento più adatto per introdurre la corrispondente misura tributaria di copertura (la copertura è richiesta dall'articolo 81 costituzione).

Negli anni si è però assistito ad un sicuro abuso dello strumento del decreto-legge in campo tributario, abuso reso ancor più evidente dalla prassi della reiterazione.

Inoltre, la decretazione d'urgenza comportando effetti pressoché irreversibili, che difficilmente il Parlamento può disconoscere, costituisce di fatto uno strumento espropriazione della potestà legislativa delle Camere da parte del Governo.

La potestà legislativa delle regioni.

L' articolo 117 della costituzione ha equiparato pienamente le regioni e lo Stato quanto alla titolarità della funzione legislativa: legge statale e legge regionale sono e qui ordinate.

A) **L'autonomia finanziaria.**

L'articolo 119 dispone che i comuni, le province, le città metropolitane e le regioni hanno: a)autonomia finanziaria di entrate di spesa;b) la potestà di istituzione e applicazione di tributi propri in armonia con la costituzione secondo i principi di coordinamento della finanza pubblica del sistema tributario; c) la disponibilità di una compartecipazione al gettito di tributi erariali riferibili a loro territorio. Va precisato che non vi è autonomia finanziaria senza autonomia tributaria.

B) **L'autonomia tributaria.**

Occorre ,innanzitutto,distinguere il federalismo fiscale delle regioni a statuto ordinario da quello delle regioni a statuto speciale.

Quanto alle regioni a statuto ordinario, si deve muovere dalla dicotomia tributi propri e tributi impropri, che costituisce il cardine del sistema scaturente dal coordinamento degli articoli 117 e 119 della costituzione.

-**Tributi impropri**-La corte costituzionale afferma che tutti i tributi denominati regionali, riscossi nel territorio dell'ente, il cui reddito è attribuito alle regioni ma che sono stati istituiti con la legge dello Stato anteriormente all'entrata in vigore del nuovo dettato costituzionale, non sono tributi regionali propri: non possono essere modificati con legge regionale. In questi casi occorre che l'istituzione e/o la modifica di tributi avvenga con la legge della regione nel rispetto dei principi del coordinamento col sistema tributario statale,principi che devono essere tassativamente e preliminarmente definiti dal legislatore statale con apposita legge.

-**Tributi propri**:solo in questo caso sussiste il potere esclusivo delle regioni di autonomia tributaria, suscettibile di esplicarsi in assenza di una legge statale di coordinamento, purché in armonia con la costituzione e purché si rispetti nei principi dell'ordinamento incorporati nel sistema tributario statale.

Quanto alle regioni a statuto speciale, esse non devono attendere la legge statale di coordinamento per legiferare in materia tributaria: è sufficiente che si mantengano in armonia con i principi del sistema tributario statale.

A nostro avviso questo doppio sistema è una distinzione più apparente che reale e, sarebbe stato meglio adottare un'interpretazione unitaria per tutte le regioni e subordinare a tale legge-quadro futura tutto il federalismo fiscale sia delle regioni a statuto ordinario sia di quelle a statuto speciale.

Il problema della potestà normativa degli enti locali va confrontato e coordinato con il principio di riserva relativa di legge espresso nell'articolo 23 costituzione.

Le fonti comunitarie: i rapporti tra ordinamento comunitario e coordinamento nazionale.

Le fonti di diritto comunitario si definiscono:

1. primarie, quando le disposizioni sono contenute negli atti istitutivi della comunità. Le fonti primarie della CEE , rilevanti in campo tributario sono le disposizioni contenute negli articoli 95-99 del Trattato di Roma, che vietano la discriminazione fiscale tra gli Stati membri e impongono l'armonizzazione delle discipline nazionali in tema di imposizione sulla cifra affari;

2. derivate, quando le norme vengono prodotte dai vari organi comunitari. Le fonti derivate sono costituite :

i. dai regolamenti, i quali hanno portata generale, sono obbligatori in tutti i loro elementi e direttamente applicabili in ciascuno degli Stati membri;

ii. dalle direttive, le quali sono destinate agli Stati membri e non direttamente ai cittadini.

Attraverso le direttive gli organi comunitari promuovono il ravvicinamento delle legislazioni nazionali in determinate materie. Il ricorso alle direttive è assai frequente in materia tributaria e ha il precipuo fine di armonizzare le legislazioni interne. Quanto al rischio che le direttive comunitarie restino inattuate, va precisato che le direttive precise e non condizionate (cosiddette direttive self executing hanno efficacia diretta e vincolante all'interno degli Stati inadempienti; inoltre le sentenze interpretative della Corte di giustizia europea hanno diretta applicabilità nell'ambito territoriale di ciascuno Stato ed efficacia prevalente sul diritto nazionale difforme.

Le sentenze di accoglimento della Corte Costituzionale e la loro limitata retroattività. La questione dei rapporti esauriti e della compatibilità di tali sentenze con l'art. 81.

Le sentenze di accoglimento della Corte Costituzionale, che in base all'articolo 136 costituzione hanno efficacia ex tunc e erga omnes, non travolgono i rapporti tributari esauriti.

Il rapporto d'imposta costituitosi anteriormente la sentenza di annullamento non può dirsi esaurito e la sentenza può rimetterlo in discussione:

a)se non è ancora spirato il termine decadenziale per chiedere il rimborso dell'imposta dichiarata incostituzionale;

b)se pende il giudizio provocato dall'impugnazione degli atti di imposizione e/o le iscrizioni a ruolo.

Pertanto, nei limiti sopra accennati, le sentenze della corte costituzionale che dichiarano l'illegittimità (totale o parziale) delle norme tributarie comportano obblighi di restituzione in capo all'amministrazione finanziaria, con effetto non dissimile da quello di una legge che ponga a carico del bilancio dello Stato nuove o maggiori spese. A nostro avviso l'efficacia di tali sentenze non osta l'articolo 81, quarto comma costituzionale, sia alla luce dell'origine storica e dell'occasio legis della norma costituzionale, sia sulla base dei principi fondamentali che informano la contabilità pubblica.

Le convenzioni internazionali.

Le convenzioni internazionali non sono fonti del diritto tributario; esse assumono rilevanza giuridica nel nostro ordinamento solo con l'emanazione della legge di ratifica.

Una volta ratificate assumono, all'interno dell'ordinamento, natura di norme percettive di carattere speciale rispetto alle norme generali stabilite dal legislatore italiano e, pertanto, prevalgono.

Fonti normative secondarie: i regolamenti governativi e ministeriali.

I regolamenti sono fonti di normazione secondaria in quanto sforniti dell'efficacia di legge formale e posti in posizione subordinata rispetto alla legge.

Ex art. 17 legge 400 del 1988 costituiscono regolamenti (hanno i caratteri di generalità ed astrattezza a differenza degli atti amministrativi generali, destinati a provvedere ai casi concreti)soltanto quelli per i quali è stato adottato il seguente procedimento formativo: decreto ministeriale o decreto del Presidente della Repubblica, previa deliberazione del Consiglio dei ministri e sentito il parere obbligatorio ma non vincolante il Consiglio di Stato; impiego dell'espressa denominazione di regolamento; visto della Corte dei conti e pubblicazione sulla Gazzetta ufficiale.

Solo ai regolamenti sono applicabili i principi "ignorantia legis non excusat" e "iura novit curia".

In materia tributaria, coperta da riserva relativa di legge, possono legittimamente essere impiegati tre tipi di regolamenti:

- **regolamenti esecutivi-** sono rivolti ad introdurre semplici prescrizioni di dettaglio indispensabili per rendere concretamente operative norme di fonte primaria;
- **regolamenti attuativi o integrativi-** recano norme di completamento della disciplina, che in loro assenza risulterebbe lacunosa;
- **regolamenti delegati-**traggono origine da una norma di legge che, nell'autorizzare l'esercizio della potestà regolamentare del Governo, da un lato fissa le norme generali regolatrici della materia, dall'altro dispone l'abrogazione delle norme vigenti, con l'effetto dell'entrata in vigore delle norme regolamentari.

I regolamenti e regionali e degli enti locali; il controllo giurisdizionale sulla legittimità dei regolamenti.

Quanto chiarito rispetto ai regolamenti statali può essere esteso ai regolamenti regionali e degli enti locali territoriali rispetto ai quali assumono peculiare rilievo i regolamenti attuativi o integrativi con i quali suddetti enti fissano le aliquote per i tributi di rispettiva competenza (ad esempio l'Ici).

I regolamenti non possono essere contrari alla legge e, all'interno della categoria regolamenti, quelli ministeriali, interministeriali o del Presidente del Consiglio dei ministri sono a loro volta gerarchicamente subordinati oltre che alla legge e alla costituzione anche ai regolamenti governativi.

Le intercorre alcun rapporto di subordinazione gerarchica tra regolamenti statali, regionali e degli enti locali poiché in questo ambito vige il criterio di ripartizione per materia e non quello gerarchico.

Il controllo giurisdizionale sulla legittimità dei regolamenti è affidato al giudice ordinario e al giudice amministrativo, con la differenza che se il regolamento è contra legem il giudice ordinario si limita a disapplicarlo con effetti inter partes, mentre il giudice amministrativo ha il potere di annullarlo con efficacia erga omnes.

Se un regolamento è in contrasto con la costituzione, è sufficiente sollevare la questione di illegittimità costituzionale della legge alla quale il regolamento si è conformato.

CAPITOLO IV. TIPOLOGIA E TECNICA DI PRODUZIONE DELLE NORME TRIBUTARIE.

Le norme nel tempo.

Norme sostanziali e norme procedurali; tricotomia delle norme sostanziali.

La norma tributaria collega ad una data circostanza una determinata conseguenza giuridica che ha attinenza con il fenomeno del prelievoo tributario.

Tutte le disposizioni tributarie appartengono alla categoria delle norme sostanziali o a quella delle norme procedurali. Ciascuna di queste categorie è suscettibile, a sua volta, di una triplice partizione.

Le norme sostanziali si distinguono in:

a) norme impositrici descrivono gli elementi ciascuna fattispecie tributaria (soggetto attivo e passivo, presupposto di fatto, criteri di determinazione della base imponibile, aliquote, detrazioni, deduzioni ...), i cosiddetti regimi fiscali sostitutivi, le cautele patrimoniali applicabili;

b) norme sanzionatorie- individuano elementi costitutivi di ogni fase di illecito fiscale penale o extra penale (soggetti, fattispecie oggettiva, criteri di quantificazione della sanzione…). Per tali norme vale il principio di riserva di legge assoluta, mentre non risulta applicabile il disposto dell'articolo 53 comma uno. Ad esse si estende l'applicabilità del principio del favor rei e quello di divieto di interpretazione analogica (ma non di quella estensiva);

c) norme agevolative- accordano esenzioni oggettive e soggettive in senso stretto, ma anche esclusioni che dissimulano esenzioni o riduzioni del quantum debeatur sotto forma di detrazioni

dall'imponibile, di non imputabilità di componenti positivi di reddito o di patrimonio, di detrazioni o di abbuoni d'imposta, di raddoppio di oneri deducibili….

Le norme procedurali; tripartizione delle norme procedurali e carattere ibrido delle norme sulle prove.

Le norme procedurali si distinguono in:

a) norme di procedura amministrativa-regolano gli atti della procedura che conduce all'imposizione,

all'esazione del tributo e all'irrogazione ed esazione delle sanzioni amministrative (avviso di

accertamento, avvisi di liquidazione, ruoli, atti di erogazione di sanzioni…) e all'assunzione delle

prove (questionari, inviti a trasmettere documenti…);

b) norme di procedura giurisdizionale -regolano il processo davanti ai giudici speciali tributari o ad altra autorità giurisdizionale fissando, ad esempio, i criteri di redazione e presentazione del ricorso, di trattazione e conclusione delle controversie nei vari gradi, di competenza…;

c) norme sulle prove- disciplinano l'efficacia dei mezzi di prova (confessione, giuramento,

testimonianza, presunzioni legali…) .

La dottrina, affermando la natura processuale di tali norme, ne deduce ad esse applicabili il principio tempus regit actum e dell'integrazione analogica. Tuttavia, a nostro avviso il principio tempus regit actum non può valere per le norme sulle prove poiché esse possono incidere sull'esito della definizione del rapporto controverso e pertanto hanno natura para-sostanziale. Per esse non vale la regole dell'efficacia della legge nel tempo. La ragione risolutiva del negare efficacia retroattiva alle innovazioni normative che modificano l'efficacia dei mezzi di prova o alterano la ripartizione dell'onere della prova tra le parti del rapporto d'imposta risiede nell'art. 24(nel garantire un diritto alla difesa, sancisce un diritto alla prova o un diritto di difendersi provando.) perciò se le nuove norme introducono Oneri probatori, a carico del contribuente o limitazioni nell'utilizzo delle prove ecc. pretendere di far valere per queste nuove disposizioni il principio del TEMPUS REGIT ACTUM consentendone l'applicazione a periodi d'imposta e a presupposti d'imposta anteriori alla loro entrata in vigore significa costringere il contribuente ad addurre prove DOCUMENTALI che egli non era chiamato a precostituirsi al momento di perfezionamento della fattispecie sostanziale del tributo.

Le norme di rinvio.

In diritto tributario è frequente il ricorso alla tecnica del rinvio che può essere:

- **espresso** l-a stessa norma tributaria rinviante indica testualmente gli articoli ai quali si rinvia;
- **tacito**- l'enunciato si limita ad indicare vocaboli che designano istituti compiutamente designati in

altri sottoinsiemi dell'ordinamento. ES. ART. 83 t.u. dove stabilisce che il reddito d'impresa, ai fini della tassazione con le imposte reddituali, è determinato partendo dall'utile o dalla perdita risultante dal c.e., relativo all'esercizio chiuso nel periodo d'imposta… L'uso del vocabolo c.e. è inteso dalla dottrina come un rinvio implicito a tutte le disposizioni del c.c. che disciplinano l'istituto del c.e. ;

- **extra settoriale**-le norme oggetto di rinvio appartengono a branche del diritto differente da quella

tributaria e/o eventualmente ad altri ordinamenti giuridici;

- **infra settoriale**- la norma fa riferimento a concetti ed istituti regolati da norme appartenenti al diritto tributario;

- **mobile-** la norma tributaria richiama una fonte e tutte le successive trascrizioni o modificazioni

provenienti dalla medesima;

- **recettizio o immobile-** ha ad oggetto una norma individuata nel suo contenuto specifico attuale, rimanendo insensibile alle modifiche successivamente avvenute sulla norma richiamata.

Tecnica di produzione delle norme tributarie.

La tecnica legislativa seguita in Italia nella redazione delle norme tributarie è oggetto di critiche diffuse, per le seguenti cause:

- iperproduzione di leggi tributarie;
- ipertrofia della legge tributaria, ossia la redazione frettolosa ed approssimativa degli enunciati

legislativi;

- omeomorfismo legislativo, ossia il rinvio normativo di una legge ad altre leggi, e modificazioni

successive, che vengono individuate non con il richiamo degli enunciati (titolo e testo), ma

attraverso gli estremi della data, del numero e dell'articolo. Questo metodo si risolve, per i

destinatari, in una forma di occultamento del messaggio da comunicare;

- legislazione per casi e non per principi, che ha l'inconveniente della mancanza di coerenza e

razionalità nella scelta dei casi da tassare e l'impossibilità di srialire ad una regola generale, cosicché non si può utilizzare né la tecnica dell'interpretazione estensiva, né quella dell'analogia per colmare le lacune;

- forma oscura, ambigua o contraddittoria di messaggi legislativi e, a differenza di quanto accade in

altri settori disciplinari, tale incertezza non riguarda solo l'interpretazione, ma può anche riguardare

l'individuazione dell'enunciato applicabile ad una data fattispecie.

La codificazione tributaria.

L'esigenza del riordino e della codificazione delle leggi tributarie è da tempo sentiti in Italia, al fine di sfoltire e di comporre su basi sistematiche l'immensa normativa vigente.

Tra le molte iniziative si segnala la legge di delega relativa alla riforma generale del sistema tributario,collegata alla legge finanziaria per il 2002, di cui i primi articoli dispongono che il sistema fiscale deve essere ordinato in un unico codice da ripartirsi in una parte generale e una parte speciale.

L'opera di codificazione deve rispettare:

- i principi costituzionali di legalità, capacità contributiva ed uguaglianza;

-i principi fondamentali dell'ordinamento comunitario;

- i principi di chiarezza, semplicità, conoscibilità effettiva ed irretroattività;

-il divieto di doppia imposizione giuridica;

- il divieto di applicazione analogica delle norme sostanziali;

-la tutela dell'affidamento della buona fede;

-disciplina unitaria per tutte le imposte del soggetto passivo, dell'obbligazione fiscale, di sanzione del processo;

-deve minimizzare il carico di adempimenti sul contribuente;

-deve ricondurre la sanzione sul soggetto che ha tratto il beneficio dalla sua violazione fiscale;

-applicazione della sanzione penale solo ai casi di frode e grave danno per l'erario.

L'idea di tale codificazione, conclusasi con il nulla di fatto, si è rilevata meramente propagandistica, priva di radici e spessore culturale.

L'abrogazione della norma tributaria.

Gli articoli 10 e 15 delle disposizioni preliminari del codice civile sono applicabili anche alle leggi

tributarie, che pertanto divengono obbligatorie il quindicesimo giorno dopo la loro pubblicazione, salvo che non sia altrimenti disposto **art. 10.** Tale efficacia viene meno attraverso l'abrogazione (espressa, tacita o implicita) **art 15 preleggi.**

L'art. 15: codifica il criterio cronologico di prevalenza della legge posteriore(se abbiamo due atti normativi di pari rango che contengono due norme in contrasto, ma sono state emanate in tempi diversi, prevale l'atto normativo nato successivamente).

Criterio di prevalenza della norma speciale anteriore rispetto alla norma generale posteriore(qui la fattispecie descritta dalla norma anteriore speciale è più ristretta e si inscrive nella fattispecie della norma successiva, che ha un ambito di applicazione più esteso, in questo caso si consente alla norma speciale anteriore di derogare a quella posteriore.**ricorda che queste deroga è ammessa soltanto se le due norme sono di pari rango.)**

Esempi di altri tipi di abrogazione:

1) Per referendum, ma l'art. 75 Cost. vieta che le leggi tributarie possano essere abrogate x referendum;
2) Quando scade il tempo previsto se si tratta di leggi temporanee;
3) Per effetto dell'entrata in vigore di una norma comunitaria incompatibile;
4) Per effetto di una sentenza di annullamento della Corte Costituzionale, la quale però a differenza dell'abrogazione fa venir meno la legge annullata da allora (ex tunc) e non dalla sua entrata in vigore (ex nunc);

Divieto di abrogazione tacita delle norme contenute nello statuto dei diritti del contribuente.

L'articolo 1 dello Statuto dei diritti dei contribuenti sancisce:

1) **il divieto di ogni deroga o modifica tacita**: non è ammessa l'applicazione dell'art.15 delle preleggi. Infatti no ammessa l'abrogazione per incompatibilità con nuove disposizioni e nemmeno l'abrogazione espressa può avere luogo col ricorso a leggi speciali. Unica forma di abrogazione ammessa è quella effettuata tramite una regolamentazione generale, con modifica e deroga espressa.
   Questo costituisce una deroga al principio generale della successione delle leggi nel tempo e realizza la cosiddetta fissità della legge.

2) che la legge posteriore volta a derogare o modificare principi statutari deve essere una norma di pari rango ma generale,cioè una norma diretta a disciplinare in modo organico la materia regolata. La legge speciale successiva in quanto recante una deroga speciale e non complessiva è tanquam non esset;

3) **l'efficacia della clausola di auto rafforzamento**, volta ad impedire che successivi interventi legislativi, saltuari e improvvisati possano intaccare la coerenza ed omogeneità della disciplina statutaria. anche se non si può parlare ancora di orientamento consolidato della Cassazione, ci sono i presupposti affinchè sul piano sostanziale le disposizioni dello Statuto siano considerate effettivamente la disciplina attuativa dei principi costituzionali in materia tributaria :

pertanto le norme successive contrastanti con quelle statutarie saranno tendenzialmente incostituzionali.

La norma tributaria retroattiva: il problema della sua legittimità costituzionale.

La norma tributaria retroattiva non dispone che per l'avvenire per il suo presentarsi come un dovere nei confronti dei destinatari. Ma con riferimento alle ipotesi nelle quali la situazione giuridica non si esaurisce in un determinato momento, ma perdura nel tempo, nonché quelle ipotesi nelle quali l'applicazione della norma richiede il succedersi di una serie progressiva di atti provenienti vuoi dal sogg passivo, vuoi dall'ente impositore: IN QUESTA SITUAZIONE INTERVIENE IL LEGISLATORE CON DISPOSIZIONI DI CARATTERE TRANSITORIO VOLTE A REGOLARE IL PASSAGGIO DALLA LEGGE PRECEDENTE A QUELLA SUCCESSIVA.

-Ci sono dei casi in cui il legislatore può ritenere opportuno estendere l'efficacia della legge a vari rapporti pregressi attribuendo pertanto alla medesima EFFICACIA RETROATTIVA.

Ci sono due tipi di retroattività:

-Retroattività vera a propria: la legge retroattiva colloca anteriormente alla sua entrata in vigore sia la fattispecie che i suoi effetti. Es. norme che prolungano esenzioni o agevolazioni temporanee già scadute e che producono effetti anticipati rispetto alla loro entrata in vigore.

-Retroattività impropria: la legge collega un nuovo tributo o la maggiorazione di un tributo esistente, da pagare dopo la sue entrata in vigore, a presupposti di fatto verificatesi anteriormente a tale entrata in vigore.

Per quanto riguarda il problema della legittimità delle norme in questione esistono tre differenti soluzioni:

1. ***il decorso del tempo e la capacità contributiva inattuale.***

Con la sentenza 44 del 1966 la Corte Costituzionale ha sancito l'illegittimità della tassazione retroattiva di fatti così remoti da non potersi ritenere che la capacità contributiva sia ancora attuale.

2. ***Il criterio della prevedibilità.***

La Corte Costituzionale, ai fini della permanenza e della qualità della capacità contributiva, prende in considerazione il criterio di prevedibilità: le nuove norme dotate di efficacia retroattiva devono essere prevedibili e tali sono quelle che valgono a determinare una più rigorosa, compiuta e coerente disciplina della materia, anche con la previsione di nuove fattispecie sostanzialmente riconducibili alla medesima ratio di quelle già disciplinate. A nostro avviso il criterio di prevedibilità, quale estrinsecazione del principio costituzionale di effettività della capacità contributiva, esclude la legittimità di qualunque norma retroattiva,a nulla rilevando l'ampiezza cronologica della retroattività. In quanto il contribuente non è tenuto ad accantonare in tutto o in parte i suoi redditi o il suo patrimonio quali risultano al termine di un dato periodo d'imposta, al netto dei tributi dovuti, in vista di imprevedibili tassazioi future di questi cespiti

3. **La tutela costituzionale di iniziativa economica e della certezza del diritto.**

La legislazione tributaria retroattiva, alterando ex post il costo fiscale delle scelte economiche

imprenditoriali, vulnera quel quadro di certezze su cui l'operatore economico deve poter fare affidamento nei suoi investimenti e finisce per configgere con la garanzia della libertà di iniziativa economica privata ex articolo 41 costituzione. Pertanto non è ammissibile la retroattività di norme tributarie.

La retroattività della norma tributaria di interpretazione autentica.

La corte costituzionale ha elaborato un doppio concerto di interpretazione autentica:

- interpretazione autentica in senso stretto, sia quando:

i. una legge interpretativa lascia intatto o inalterato il testo della legge interpretata;

ii. il legislatore-interprete sceglie uno dei possibili significati attribuibili al testo della legge

interpretata;

iii. la legge di interpretazione autentica cancella tutti i possibili significati dell'enunciato

interpretato diversi da quello scelto dal legislatore-interprete, con conseguente obbligatorietà erga omnes e ex tunc di quest'ultimo;

- interpretazione autentica in senso largo, si ha quando si introducono norme formalmente interpretative, ma sostanzialmente innovative, il che si risolve in un espediente per far transitare surrettiziamente la retroattività. La legge tributaria innovativa, cui abusivamente è stato attribuito il nome di legge interpretativa, può risultare incostituzionale.

Il divieto di retroattività disposto dall'articolo 3 dello statuto del contribuente.

L'articolo 3 dello statuto stabilisce che le disposizioni tributarie, ad esclusione di quelle interpretative, non possono avere effetto retroattivo. Il divieto di retroattività opera come criterio generale, principio ulteriormente ampliato in relazione alle modifiche dei tributi periodici (che non possono produrre effetti prima del periodo d'imposta successivo a quello di entrata in vigore della legge) e rispetto gli adempimenti a carico dei contribuenti (per i quali è fissata la scadenza non prima del decorso di 60 giorni dall'entrata in corso della norma o di adozione dei relativi provvedimenti attuativi).

L'interpretazione autentica nello statuto dei diritti del contribuente.

Le norme interpretative sono le uniche disposizioni che, in campo tributario, in base alla legge 212 del 2000, possono essere retroattive qualora si verifichino simultaneamente due presupposti:

a) che si tratti di norme **qualificate** come norme di interpretazione autentica dalla stessa legge che le pone in essere. Con il termine qualificazione si intende non solo l'intitolazione, ma è necessario che la norma presenti i caratteri della norma autentica ossia i 3 requisiti suddetti. Se non sussistono i tre requisiti, c'è un raggiro del principio con norme formalmente d'interpretazione autenticata ma sostanzialmente innovatrici.

b) che tali disposizioni siano adottate con legge ordinaria.

Capitolo V. La norma tributaria nello spazio.

La norma tributaria nello spazio.

La legge tributaria statale è efficace tutto il territorio dello Stato, salvo espresse deroghe legislative. Le leggi regionali e le norme tributarie eventualmente emanate dalle province e dei comuni nell'ambito della propria autonomia regolamentare, hanno efficacia limitata entro i confini dell'ente territoriale dal quale provengono, ma dovranno essere osservate in tutto il territorio nazionale da tutti gli organi giurisdizionali ed amministrativi chiamati a dar loro concreta attuazione.

Il principio di stretta correlazione tra sovranità e potestà normativa permette di affermare la esclusività della legge tributaria in tutto il territorio dello Stato: il legislatore può sottoporre a tributi interni sia soggetti per fatti che si siano verificati nel territorio dello Stato, sia a soggetti residenti in Italia per fatti che si sono realizzati all'estero.

I limiti territoriali per il legislatore ordinario di delimitare i presupposti dell'imposta sono giuridicamente rilevanti se sanciti da una norma consuetudinaria di diritto internazionale, ovvero devono essere ricavabili direttamente dalla costituzione.

La doppia imposizione internazionale e i metodi per scongiurarla.

Si ha doppia imposizione internazionale quando un fatto economicamente rilevante determina la nascita in capo ad un medesimo soggetto di due obbligazioni tributarie, in relazione ad imposte dello stesso tipo previste dalla legislazione di due Stati diversi. Questo fenomeno ricorre più frequentemente nelle imposte sul reddito, sul patrimonio e sulle successioni ed è generalmente causato dal fatto che una medesima situazione di fatto costituisce presupposto per l'applicazione di uno di questi tributi in un paese in base ad un criterio oggettivo(da rilievo al legame tra fatto e territorio: le imposte devono essere applicate a tutte le situazioni di fatto che si verificano nel territorio dello Stato, prescindendo dal legame esistente tra il soggetto che le realizza e il territorio medesimo)e in un altro in base ad un criterio soggettivo(valorizza il legame tra soggetto territorio: le imposte si applicano a tutte le situazioni di fatto realizzate da soggetti legati in un certo modo al territorio dello Stato -residenza, cittadinanza- indipendentemente dal luogo in cui le situazioni medesime si verificano).

Molti stati combinano i due criteri, con la conseguenza che, ad esempio, l'imposta sui redditi si applica per i soggetti residenti su tutti i redditi ovunque prodotti e per i non residenti solo sui redditi prodotti nel territorio di uno Stato.

Un ulteriore causa di doppia imposizione può essere la diversa estensione dello stesso criterio nelle varie legislazioni nazionali (ad esempio posto che non tutti gli Stati definiscono allo stesso modo gli eventi da qualificare come verificatisi nel loro territorio, può accadere che il medesimo fatto venga collegato collocato da due Stati diversi nei rispettivi territori; il medesimo soggetto sia considerato residente da due Stati in baseai parametri di rispettivi ordinamenti).

A. Le misure unilaterali (cioè adottate da ciascuno Stato unilateralmente) contro la doppia imposizione sono:
- l'esclusione dall'imponibile interno dei fatti extra territoriali tassati all'estero;
- l'attribuzione del credito d'imposta- consistente nell'attribuire al soggetto tassato in ragione del

criterio soggettivo,un credito d'imposta pari al minor importo tra l'imposta del medesimo tipo di quella dovuta nello Stato pagata all'estero in dipendenza di un fatto verificatosi all'estero e l'imposta dovuta nello stato in dipendenza dello stesso fatto. Se poi il fatto si è verificato in più Stati esteri: il meccanismo del credito d'imposta può operare:

a) cumulativamente con riferimento a tutte le imposte pagate all'estero e alla imposta o quota di imposta dovuta in relazione a quel fatto;
b) separatamente in relazione all'imposta pagata in ciascun paese estero e l'imposta o quota di imposta

dovuta allo Stato in relazione alla parte il fatto verificatosi in ciascun paese estero. Quest'ultimo sistema è quello previsto dalla legislazione italiana ai fini dell'Irpef e dell'Irpeg: l'articolo 15 del t.u.i.r. stabilisce che, se alla formazione del reddito concorrono i redditi prodotti all'estero, le imposte ivi pagate a titolo definitivo sono ammesse in detrazione dall'imposta dovuta in Italia fino a concorrenza della quota di imposta italiana corrispondente al rapporto tra i redditi prodotti all'estero e il reddito complessivo, e che, se i redditi esteri sono prodotti in più Stati, la detrazione si applica separatamente per ciascuno di essi.

B. Le misure bilaterali (assunte dagli Stati attraverso l'articolazione di appositi accordi internazionali) tendono a riconoscere la potestà normativa tributaria allo Stato di residenza del soggetto che realizza il fatto. Nell'ipotesi in cui la potestà normativa non è riconosciuta in via esclusiva al alcuno degli Stati contraenti, viene riconosciuta la preminenza allo Stato della fonte del fatto e non a quello di residenza (lo Stato di residenza deve adoperare gli strumenti per eliminare la doppia imposizione). Quanto al rapporto tra le norme contenute nelle convenzioni internazionali e le norme interne, esso si basa sul principio di specialità; tuttavia, ai sensi dell'articolo 128 del t.u.i.r. le disposizioni di questo documento si applicano, se più favorevoli ai contribuenti, anche in deroga alle norme contenute negli accordi internazionali contro le doppie imposizioni.

La potestà di "polizia tributaria" e i suoi limiti.

La potestà di polizia tributaria è quell'insieme di poteri di indagine che la legge attribuisce all'amministratore finanziaria per consentirle di adempiere alle funzioni di controllo del rispetto delle norme tributarie da parte dei destinatari delle stesse.

In diritto internazionale non c'è collaborazione tra Stati per quanto riguarda la materia di tributi; ne consegue che l'amministrazione finanziaria dello Stato non può compiere atti autoritativi di polizia nel territorio di un altro Stato e, anzi, non può neanche obbligare quella di un altro Stato a compiere atti autoritativi in sua vece. Tuttavia molte delle convenzioni internazionali sulla doppia imposizione prevedono disposizioni relative alla collaborazione tra l'amministrazione finanziaria degli Stati contraenti per attività di polizia tributaria in relazione alle imposte interessate dalle stesse convenzioni (ad esempio le amministrative finanziarie possono effettuare verifiche simultanee).

Nell'ambito dell'Unione Europea la Direttiva 77/799 e la Direttiva 79/1070 prevedono la reciproca assistenza tra le autorità competenti degli Stati membri (scambio di informazioni necessarie ad assicurare il corretto accertamento delle imposte, autorizzare la presenza nel territorio di funzionari delle amministrazioni finanziarie di un altro Stato ...)nel settore delle imposte sui redditi, sul patrimonio e sul valore aggiunto.

La potestà di riscossione coattiva dei tributi e i suoi limiti territoriali.

Anche per la potestà di riscossione coattiva dei tributi vige il principio di non collaborazione tra le amministrazioni finanziarie di diversi stati; pertanto l'amministrazione di uno Stato non può chiedere a quella di un altro di procedere nel suo territorio secondo le forme e le modalità stabilite dalla sua legislazione in materia di riscossione dei tributi, alla riscossione di imposte dovute da un soggetto di più; inoltre l'amministrazione del primo Stato non può agire in giudizio nel secondo per ottenere il riconoscimento del credito e la condanna del debitore.

Tuttavia gli accordi internazionali prevedono che l'amministrazione finanziaria dello Stato, su richiesta di quella dell'altro, proceda alla riscossione delle imposte dovute da un soggetto in quest'ultimo Stato secondo le norme sulla riscossione dei propri crediti tributari della medesima natura. L'amministrazione finanziaria dello stato richiedente deve attestare la definitività dell'atto impositivo o il passaggio in giudicato della sentenza che costituisce il titolo per la riscossione e, per alcuni trattati, l'impossibilità di procedere all'esazione nel proprio territorio. La Direttiva CEE 76/308 concernente l'assistenza reciproca fra gli Stati membri di recupero di determinati crediti risulta applicabile a quelli derivanti dalla disciplina sui dazi doganali, e la Direttiva 79/1071 ne ha esteso gli effetti anche ai crediti relativi all'Iva.

Misure per combattere l'elusivo utilizzo di de i paradisi fiscali.

La legge 342 del 2000 introduce una disciplina specifica diretta a contrastare la sottrazione ,da parte dei contribuenti, in materia imponibile attuata mediante la localizzazione di società "controllate" in paradisi fiscali. Essa prevede:

a. l'inapplicabilità del regime dell'articolo 89 del Testo Unico. L'articolo 89, terzo comma, rende inapplicabile l'esclusione da tassazione del 95% da esso disposta per il dividenti erogati da società collegate, residenti in paesi non appartenenti all'Unione Europea, fruenti di un regime fiscale privilegiato (i dividendi percepiti da società italiane non fruiscono né del credito d'imposta né dell'abbattimento anzidetto: il beneficio ottenuto grazie al paradiso fiscale scompare non appena gli utili vengono rimpatriati e assoggettati all'italiana).

b. La normativa <<Controlled Foreingn Companies>>. Elemento fondamentale di questa disciplina è l'assenza di un radicamento effettivo della società controllata nel territorio del paese ospitante: la localizzazione della società medesima viene considerata finalizzata al risparmio fiscale. Per quanto riguarda la disciplina normativa:

i. il soggetto residente in Italia deve detenere il controllo ,direttamente o indirettamente, tramite società fiduciarie o per interposta persona;

ii. il soggetto controllato residente o localizzato nel paradiso fiscale deve essere un'impresa,una società o un altro ente;

iii. per la determinazione del limite del controllo si applica l'articolo 2359 codice civile;

iv. il reddito conseguito dal soggetto estero partecipato è imputato alla controllante italiana,ma viene sotto posto a tassazione separata;

v. per evitare la doppia imposizione si concede un credito a fronte delle imposte pagate a titolo definitivo nel paese della controllata ed è esclusa la tassazione degli eventuali dividendi erogati alla controllata straniera, fino a concorrenza degli utili assoggettati a tassazione separata.

c. La normativa per le società estere collegate.

L'articolo 168 T.u.i.r. prevede l'applicabilità della disciplina dettata per le C.F.C. alle ipotesi in cui il soggetto residente in Italia detenga, direttamente o indirettamente,una parte non inferiore al 20% degli utili di un'impresa (tale percentuale è ridotta al 10% nel caso di partecipazione agli utili di società quotate in borsa). I redditi del soggetto estero sono imputati al soggetto residente e determinati per un importo corrispondente al maggiore fra: a) l'utile prima delle imposte risultanti dal bilancio redatto dlla partecipata estera;b) un reddito induttivamente determinato sulla base dei coefficienti di riferimento relativi a determinate categorie di beni dell'attivo patrimoniale. Nel caso in cui il contribuente italiano possa provare che il soggetto non residente svolge l'attività industriale commerciale in uno Stato o in un territorio nel h sede *effettivamente* come sua attività principale, le disciplina C.F.C. non si applica; non si applica neanche se il soggetto è in condizione di dimostrare che la redenzione delle partecipazioni estere non ha comportato il godimento di un regime fiscale privilegiato.

In definitiva il regime C.F.C crea un trattamento di trasparenza e di automatica imputazione del reddito della controllata alla controllante e una presunzione legale relativa, vincibile dal controllante che sia in grado di provare l'effettività dell'attività da controllata o l'assenza del vantaggio del regime privilegiato. La funzione dell'istituto è quella di contrastare le localizzazioni apparenti.

Misure volte a contrastare l'elusivo trasferimento di quote di reddito all'estero.

A. La normativa sui prezzi di trasferimento.

In deroga al principio generale secondo cui nelle transazioni commerciali ciò che rileva è il corrispettivo pattuito fra le parti a prescindere dal prezzo sul libero mercato dei beni e servizi scambiati, tale disciplina ,comunemente definita transfer price, tende ad evitare che, soprattutto all'interno di gruppi internazionali,si attui una politica di risparmio fiscale manovrando e rimodellando opportunamente i corrispettivi praticati tra le società appartenenti al medesimo gruppo (i corrispettivi devono corrispondere al prezzo di mercato).

B. L'indeducibilità dei costi di acquisto per presunzione di fittizietà.

Non sono ammesse in deduzione le spese e gli altri componenti negativi derivanti da operazioni intercorse tra imprese residenti in Italia e imprese domiciliate nei paradisi fiscali. Tale presunzione è relativa poiché il contribuente può fornire la prova del fatto che la società estera svolga prevalentemente l'attività commerciale effettiva, ovvero che le operazioni poste in essere rispondano ad un effettivo interesse economico e che le stesse abbiano avuto concreta attuazione.

La deduzione e comunque subordinata alla separata indicazione della dichiarazione dei redditi dei relativi ammontari dedotti. Tale disciplina non si applica alle operazioni intercorse con imprese estere partecipate alle quali risulta applicabile la normativa C.F.C.

Segue: la presunzione posta a carico dei cittadini italiani di non esecutività del trasferimento di residenza nei paesi a regime fiscale privilegiato.

L'articolo 10 della legge 448 del 1198 stabilisce che "si considerano altresì residenti, salvo prova contraria, i cittadini italiani cancellati dalle anagrafi della popolazione residente e emigrati in Stati o territori aventi un regime fiscale privilegiato, individuati con decreto del ministero delle finanze da pubblicare nella gazzetta ufficiale" ;spetta quindi al cittadino l'onere di provare all'amministrazione finanziaria che ha effettivamente stabilito la propria dimora abituale nel paese fiscalmente privilegiato.

Trasferimento all'estero della residenza o della sede.

Se le persone fisiche, società di capitali, società cooperative o enti pubblici e privati trasferiscono la propria residenza o sede all'estero, si considerano realizzati al valore normale i plusvalori connessi al trasferimento dell'azienda, salvo che tali beni non confluiscano in una stabile organizzazione ubicata in Italia e sempre che non siano successivamente distolti. Tale norma, quindi, ha lo scopo di frapporre ostacoli fiscali al trasferimento all'estero della collocazione territoriale del soggetto d'imposta e, per questo motivo, contrasta in ambito dell'Unione Europea con i principi di libera circolazione delle persone e delle imprese.

La presunzione relativa di residenza in Italia delle holding esterne.

La residenza fiscale dei soggetti Ires si determina utilizzando tre criteri alternativi: la sede legale, la sede dell'amministrazione e l'oggetto sociale, ai quali si deve aggiungere un'ulteriore requisito temporale,consistente nel'esistenza in Italia di almeno uno dei suddetti elementi per la maggior parte del periodo di imposta.

Il nuovo articolo 73 del Tuir (introdotto nel 2006) stabilisce che se esiste un rapporto di controllo, anche indiretto tra soggetti residenti in Italia e la holding estera oppure se, l'organo di amministrazione della holding estera è composto in prevalenza di consiglieri residenti in Italia si ha la presunzione legale relativa in ordine alla localizzazione in Italia della sede dell'amministrazione.

Capitolo VI. I principi costituzionali.

Sezione I. La riserva relativa di legge in materia di prestazioni imposte.

La potestà normativa tributaria e i suoi limiti costituzionali. Gli artt. 75 e 81 Cost.

La potestà tributaria è l'insieme delle potestà necessarie per istituire, disciplinare, applicare e riscuotere i tributi.

In particolare la potestà normativa tributaria è la potestà di produrre atti normativi diretti alla disciplina del tributo, mentre la potestà di accertamento tributario consiste nel potere amministrativo di applicare le norme tributarie nei confronti dei singoli contribuenti.

L'esercizio della potestà normativa tributaria incontra limiti costituzionali:

- l'articolo 53 disciplina i requisiti sostanziali della prestazione d'imposta, fissando il principio della capacità contributiva;
- il combinato disposto degli articoli 3 e 53, primo comma, attribuisce rilevanza il principio di

territorialità: il legislatore può adottare solo presupposti d'imposta, soggettivi o oggettivi, che presentino momenti di collegamento con l'ordinamento italiano(cittadinanza residenza, dimora ecc.);

- l'articolo 23 stabilisce che nessuna prestazione patrimoniale personale può essere imposta se non in base alla legge;
- l'articolo 81, terzo comma, vieta Parlamento di stabilire nuovi tributi con la legge di approvazione

del bilancio (principio costantemente aggirato, dal legislatore, il quale fa precedere all'approvazione del bilancio manovre economiche che vanno ad istituire nuovi tributi o vanno a modificare tributi già esistenti).

Il principio di riserva di legge in materia di imposte: sua ratio giustificatrice.

Il principio di legalità soddisfa l'esigenza:

-tutela della libertà;

-che l'imposizione di prestazioni personali e patrimoniali sia demandata al Parlamento -organo rappresentativo del popolo sovrano ,anche delle minoranze e quindi sottoponibile al controllo della Corte Costituzionale;

La portata del principio e il significato dell'espressione "prestazioni patrimoniali imposte".

La giurisprudenza definisce come "imposta" la prestazione stabilita in via obbligatoria da un atto di autorità, a carico di un privato,senza che la sua volontà vi abbia concorso. Pertanto si è in presenza della prestazione imposta quando la fonte e la disciplina dell'obbligazione del privato siano costituiti dalla legge o da un provvedimento amministrativo.

La riserva di legge dell'articolo 23 cost. deve essere applicata ai tributi, ma il concetto di imposta e più ampio di quello di tributo (rientra nella più ampia categoria delle imposte). Quest'ultima infatti è può essere costituita anche da prestazioni non tributarie, comunque riconducibili alla legge o a provvedimenti amministrativi e quindi caratterizzate dalla coattività(esempi: prestiti forzosi, sanzioni amministrative pecuniarie)

. La giurisprudenza costituzionale considera prestazioni **patrimoniali imposte**, rientranti nella sfera di applicazione dell'articolo 23, anche alcune fattispecie contrattuali a carattere sinallagmatico, a patto che:

- la disciplina delle reciproche prestazioni sia determinata in via unilaterale da una delle parti

- il servizio in questione sia gestito in regime di monopolio pubblico e l'uso di esso sia da

considerarsi essenziale ai bisogni della vita. In tal caso è l'evidente squilibrio di forza contrattuale dei due contraenti a rendere IMPOSTA la prestazione posta a carico del contraente più debole e a giustificare l'intervento riequilibratore della legge.

Non sono ricomprese nell'ambito di operatività dell'articolo 23 alcune prestazioni coattive come le **sanzioni pecuniarie penali, l'espropriazione per pubblica utilità dietro indennizzo e le prestazioni a contenuto negativo che si risolvono in limitazioni dell'iniziativa economica privata.**

Per quanto attiene al concetto di "legge", è pacifico che le prestazioni personali e patrimoniali possono essere imposte in base alla legge in senso formale, leggi costituzionali, atti con forza di legge, leggi regionali e regolamenti comunitari.

Il significato del carattere relativo della riserva.

Si parla di riserva relativa di legge, in quanto non tutta la disciplina relativa alla prestazione di imposta deve essere demandata alla legge, è sufficiente che nella legge sia racchiusa la disciplina degli elementi necessari ad identificare le prestazioni(presupposto del tributo), ossia dei fatti al cui verificarsi sono dovute e dei soggetti obbligati ad effettuarle(contribuente,sostituto, responsabile, ecc).

A. La disciplina relativa alla determinazione quantitativa delle prestazioni(quantum debeatur) in denaro può essere contenuta in atti diversi dalla legge, purché quest'ultima fissi idonei criteri direttivi, limiti e controlli.

B. Per quanto concerne la determinazione della base imponibile può essere demandata alla fonte secondaria la disciplina di limitati aspetti che siano espressione di discrezionalità tecnica con indicazione di criteri direttivi.

C. Quanto alla fissazione dell'aliquota, si ammette che essa è delegabile alla fonte secondaria per esigenze di competenza tecnica specifica per lasciare spazio all'autonomia delle amministrazioni locali, previa indicazione di principi e criteri direttivi.

La dottrina e la giurisprudenza costituzionale hanno individuato gli strumenti idonei ad evitare la

discrezionalità delle fonti subordinate:

-la fissazione del limite massimo dell'aliquota;

-il fabbisogno finanziario dell'ente per gestire un certo servizio;

- l'intervento di un organo tecnico;

-la partecipazione all'organo cui spetta il potere decisionale di soggetti gravati dalla prestazione.

Solitamente l'integrazione avviene mediante regolamento, tuttavia può avvenire anche mediante atti

amministrativi generali o provvedimenti amministrativi individuali.

Sezione II. il principio di capacità contributiva

Il significato dell'articolo 53 costituzione e sua funzione solidaristica.

L'articolo 53, primo comma cost. dispone che "tutti sono tenuti a concorrere alle spese pubbliche in ragione della loro capacità contributiva. Esso sancisce:

- il principio della legittimità costituzionale dell'imposizione tributaria e correlativamente della

doverosità della contribuzione, del concorso dei privati alle spese pubbliche;

- il principio di universalità(che si capta dalla parola tutti) del tributo, che deve colpire, ricorrendone i presupposti, tutti i soggetti senza distinzioni, discriminazioni e privilegi;
- Il principio di capacità contributiva: vi è obbligo della contribuzione in quanto vi sia un'idoneità del privato, sotto il profilo economico, alla contribuzione medesima.

La dottrina e la giurisprudenza costituzionale considerano l'articolo 53 una sorta di proiezione in campo tributario del principio cardine codificato dall'articolo 2 della costituzione che chiama tutti i membri della collettività all'adempimento "dei doveri inderogabili di solidarietà politica,economica e sociale" e il principio di uguaglianza sancito dall'articolo tre. Il primo comma dell'articolo 53 svolge quindi una duplice funzione:

a) funzione solidaristica, in quanto chiama tutti consociati a concorrere alle spese pubbliche necessarie alla stessa sopravvivenza;
b) funzione garantista, in quanto vincola la potestà tributaria a chiamare al concorso solo coloro che

hanno l'effettiva capacità di contribuzione, di misura e nei limiti della stessa.

La capacità contributiva come capacità economica soggettiva e la sua funzione garantista.La capacità contributiva come presupposto, ed il limite quantitativo massimo.

Il principio della capacità contributiva impone il riferimento alla forza economica del soggetto. La capacità contributiva come forza economica soggettiva opera ,in primo luogo, come presupposto assoluto della contribuzione(non vi può essere obbligo di contribuzione se manca del tutto la capacità economica. Scendendo più nel dettaglio i fattori costitutivi essenziali della CAPACITA' CONTRIBUTIVA SONO DUE E SE VIENE MENO UNO DEI DUE VIENE MENO LA CAPACITA' CONTRIBUTIVA,talvolta definiti per queste ragioni, presupposti relativi assoluti:

- Ogni contribuzione deve avere a sua situazione base un indice di forza economica costituito da denaro o da ricchezze non monetarie, ma agevolmente deducibili in denaro attraverso appropriati atti di scambio sul mercato.

- Ascrivibilità, nella imputabilità dell'indice al soggetto passivo del tributo, individuato dalla legge.

e, in secondo luogo, funge da parametro dell'imposizione posta a carico di ciascuno.

Infine la capacità contributiva costituisce il **limite massimo dell'imposizione**: non è consentito richiedere al soggetto un concorso alle spese pubbliche superiore a quello della sua capacità contributiva, perché in tale ipotesi **verrebbe meno la necessaria correlazione tra obbligo di contribuzione e capacità di contribuzione**,venendo sostanzialmente colpita una capacità contributiva inesistente. Ciò comporta anche il divieto che il prelievo sia di ammontare così elevato da risolversi in espropriazione o confisca dell'oggetto dell'imposizione. **RICORDA**: l'imposta è il prelevamento di una quota, non della totalità della materia imponibile.

Questi tre aspetti evidenziano l'incontestabile funzione anche garantista dell'articolo 53.

Un ulteriore profilo della funzione garantista della capacità contributiva: la tutela costituzionale del minimo (ossia dei redditi minimi)vitale personale e familiare.

La capacità contributiva presuppone la capacità economica, ma i due concetti non si identificano poiché non tutte le manifestazioni di capacità economica costituiscono manifestazioni di capacità contributiva (ad esempio chi dispone di mezzi appena sufficienti all'esistenza propria e della propria famiglia, pur presentato una capacità economica non può ritenersi capace di contribuire pienamente).

Nel concetto di capacità contributiva deve ritenersi implicito anche il principio dell'esonero dall'importo del minimo vitale, ossia della non tassabilità di quel minimo di capacità economica necessario a soddisfare le esigenze primarie dell'individuo.

A queste esigenze risponde il principio dell'esonero per carichi di famiglia: non può esistere idoneità alla contribuzione se non dopo che il soggetto, oltre ai bisogni primari propri, ha soddisfatto le esigenze primarie di sopravvivenza dei propri familiari a carico (tale estensione del concetto di minimo vitale all'interno dell'ambito familiare discende dall'articolo 31 costituzione).

<u>La capacità contributiva come specificazione dell'uguaglianza in materia tributaria; uguaglianza e ragionevolezza.</u>

Trasferito in campo tributario il principio di uguaglianza, questo ha inglobato la capacità contributiva nel senso che le condizioni oggettive e soggettive da considerare per stabilire se vi sia o faccia difetto la parità sono gli indici di capacità contributiva.

Perciò la capacità contributiva funge da elemento di completamento dell'uguaglianza.

L'obbligo di ragionevolezza vincola il legislatore ad un dovere di coerenza schematizzabile in questo modo:

se per l' ordinamento vigente A è uguale a, B la disciplina fiscale di A è irragionevole se diversa da quella accordata a B. L'incoerenza può assumere un duplice aspetto:

- incoerenza esterna alla singola imposta e al sistema fiscale- un esempio è offerto dallla sentenza 28/1986 che ha dichiarato incostituzionali le norme sull'imposta successoria per la parte in cui disponevano un trattamento deteriore per i discendenti dei figli adottivi del defunto rispetto ai discendenti dei figli legittimi;
- incoerenza all'interno di una stessa imposta- un esempio è offerto dalla sentenza 69 del 1965 che ha dichiarato incostituzionali le norme di imposta di successione che consentivano di calcolare il valore dell'azienda caduta in successione in base alla differenza tra attivo e passivo per le aziende commerciali o industriali, e vietavano la deduzione delle passività delle aziende agricole.
-

<u>Parità di trattamento e legislazione fiscale condonistica. Incostituzionalità di transazioni, rinunce, sconti e abbuoni delle imposte.</u>

La norma che fissa i criteri di ripartizione,una volta entrata in vigore è la base di un diritto soggettivo di ciascun contribuente sia verso lo Stato o altro ente pubblico,sia verso tutti i restanti concorrenti al riparto. Questo diritto all'invarianza del criterio di ripartizione adottato può farsi rientrare senza sforzo nella categoria, disegnata dall'art. 2 della Costituzione, dei diritti inviolabili dell'uomo, sia come singolo, sia nelle formazioni sociali, che l'art. in questione riconosce e garantisce. Per questo è corretto dire che l'intangibilità dei criteri di riparto e la loro vincolabilità erga omnes è tutelata dagli art. 2, 3, 53 cost.

E quindi da considerarsi incostituzionale la legislazione condonistica italiana che altera- a vantaggio dei trasgressori- gli stessi criteri di ripartizione, previamente stabiliti ed applicati all'intera categoria dei soggetti passivi del tributo che si vuole condonare: ossia modifica questi criteri con efficacia retroattiva solo per i trasgressori:in sostanza il pagamento di 10 a carico di chi non ha pagato il canone televisivo lede l'interesse di coloro che hanno pagato il canone in misura normale.

Per definizione il condono non beneficia coloro che hanno osservato la legge.

Il requisito di effettività degli indici di capacità contributiva. Il requisito di attualità: rinvio.

Lo stesso concetto di capacità contributiva implica che la contribuzione di un soggetto debba presentarsi come effettiva ed attuale.

Per questo andiamo ad analizzare alcune problematiche di costituzionalità:

-problema dell'effettività degli indici : la questione delle presunzioni legali previste dal nostro ordinamento tributario allo scopo di assicurare certezza, rapidità e semplificazione all'attuazione del prelievo. In particolare in materia tributaria sono previste:

PRESUNZIONI RELATIVE, ossia presunzioni che ammettono la prova contraria e che operando sul piano probatorio, comportano un'inversione dell'onere della prova;

PRESUNZIONI ASSOLUTE: presunzioni rispetto alle quali è esclusa la prova contraria e questo porta ad una semplificazione degli elementi della fattispecie legale fonte dell'effetto giuridico. Di volta in volta queste possono riguardare l'esistenza del presupposto di fatto o la determinazione del valore della base imponibile o la determinazione in un determinato modo degli indici di ricchezza la cui esistenza sia certa.

- LEGITTIMITA' DELLE PRESUNZIONI LEGALI RELATIVE: è chiaro che un problema di legittimità costituzionale che si riferisce al requisito di effettività della capacità contributiva non si pone per le presunzioni legali relative, perché esse pur esonerando il fisco dall'onere dall'onere di fornire la prova del fatto presunto, consentono al tempo stesso al contribuente che non abbia la capacità contributiva presunta dalla legge, di dimostrare che tale capacità non esiste. Occorre però che tale inversione non ponga a carico del contribuente una prova impossibile (probatio diabolica). Le presunzioni di tale categoria sono legittime solo se suscettibili di prova contraria.

Capacità contributiva e tutela della ragion fiscale.

In sede di interpretazione dell'articolo 53 costituzione ,la giurisprudenza costituzionale ha elaborato un principio di tutela della "ragione fiscale", ossia di tutela dell'interesse pubblico primario alla rapida e perequata riscossione dei tributi, finendo col legittimare forme distorte di prelievo in assenza di capacità contributiva. In tal modo l'articolo 53 è stato interpretato come una disposizione essenzialmente finalizzata a legittimare qualsiasi forma di tutela privilegiata dell'interesse del fisco, sia nella fase dell'imposizione che in quella dell'esazione. Tuttavia, questa tutela privilegiata del fisco come apparato preposto all'applicazione non dovrebbe alterare la corretta applicazione di criteri di riparto e dovrebbe avere sempre luogo nel rispetto della parità di trattamento e il criterio di fertilità dell'indice colpito.

La tutela della ragione fiscale non può andare a scapito della giustizia tributaria.

I presupposti di legittimità dell'impiego del tributo come strumento di politica economica.

Le norme che accordano a particolari categorie di soggetti trattamenti agevolativi (esonero totale, rinvio della cassazione, crediti d'imposta…) sfuggono alla censura di legittimità costituzionale se legittimate da disposizioni costituzionali che si pongono come norme speciali rispetto al principio di capacità contributiva ex articolo 53: in caso di precetti costituzionali antinomici prevalgono le disposizioni costituzionali che ispirano le norme agevolative.

Per quanto riguarda l'utilizzo dell'imposizione tributaria per fini extrafiscali,è legittima a condizione che per perseguire per fini il legistratore ricorra a forme di aggravio non espropriativo dell'imposizione e che le finalità che vengono di volta in volta perseguite siano tutelate da principi costituzionali.

Il tributo come strumento di politica economica non può trasformarsi in uno strumento di iter imposizione espropriativa: anche l'imposta con finalità extrafiscali deve colpire indici di capacità contributiva e dunque non può espropriare l'intero indice cassato o addirittura più del suo ammontare.

Catalogo dei tipi di obbligazioni pecuniarie di concorso alle spese pubbliche protette dalla guarentigia dell'art. 53

La tesi secondo cui l'articolo 53, primo comma si limiti alle sole imposte sul reddito non è accettabile.

Le prestazioni patrimoniali commutative per la fruizione dei servizi divisibili (tasse) sono di regola estranei all'area di applicabilità del principio di capacità contributiva. Tuttavia se la prestazione ha ad oggetto servizi essenziali si impone rispetto del principio di capacità contributiva, poiché non si può porre una prestazione pecuniaria a carico dei fruitori di questi servizi in assenza di indice di forza economica o con indici corrispondenti al minimo vitale. Il medesimo principio vale anche per i cannoni, le tariffe, prezzi pubblici se correlati a servizi pubblici che, pur divisibili, sono essenziali.

Costituiscono un'obbligazione di concorso le spese pubbliche non solo quella titolo definitivo, con le imposte, ma anche quella titolo provvisorio, come le anticipazioni d'imposta e prestiti forzosi.

In tema di rivalse, sono obbligazioni di concorso non solo i rapporti esterni, ma anche quelli interni o privatisti mediante i quali si opera la traslazione giuridica dell'obbligazione di concorso esterna ad altri.

Capacità contributiva ed estensione della soggettività passiva del tributo.

Il legislatore può ampliare la sfera dei soggetti passivi ed imporre il prelievo anche a persone diverse da coloro cui è riferibile l'indice di forza economica che il prelievo è destinato a colpire, ma a patto che il soggetto cui viene esteso il dovere di contribuzione abbia la sicura possibilità di far ricadere l'onere economico del tributo sulla persona che realizza il fatto indice di capacità contributiva colpita. Tale possibilità è certamente assicurata quando l'obbligato è detentore delle somme colpite dall'imposta e può tutelarsi mediante ritenuta. Quando invece il sistema non offre all' obbligato sicura garanzia di recuperare il tributo, l'estensione della soggettività passiva del tributo viola l'articolo 53 costituzione.

Per questa ragione è stata dichiarata l'illegittimità costituzionale del cosiddetto cumulo familiare dei redditi che consentiva l'imputazione al marito dei redditi della moglie, quantunque il primo non ne potesse giuridicamente disporre.

Capacità contributiva e accollo convenzionale di imposta.

Se la legge espressamente lo consente (con previsione di rivalse facoltative)o espressamente non lo vieta (come accade nei casi di rivalsa definita obbligatoria e di nullità delle clausole dell'accollo) è lecito a ciascuno farsi carico, unilateralmente, dipesi tributari altrui o trasferire convenzionalmente su altri pesi tributari propri.

Pertanto le rivalse facoltative e le clausole contrattuali di acollo di imposte altrui sono lecite e conformi a costituzione.

Capacità contributiva e rimborso dell'imposta indebita.

Nell'ultimo ventennio si sono succedute diverse pronunce della Corte Costituzionale orientate a considerare pienamente conforme alla carta costituzionale la normativa in materia di rimborsi.

A) Il criterio di calcolo degli interessi afferenti ai crediti di imposta rimborsabili disposto dall'articolo 44 del d.p.r. 602 del 1973.

L'articolo 44 dispone, per l'ammontare dell'imposta indebitamente pagata, l'interesse del 2,5%, per ognuno dei semestri interi, escluso il primo, compresi tra la data del versamento o della scadenza dell'ultima rata del ruolo in cui è stata iscritta la maggior imposta e la data dell'ordinativo o dell'elenco di rimborso. Secondo la Corte Costituzionale, lo svantaggio economico-patrimoniale dell'applicazione dell'articolo in esame che può derivare a carico del "non contribuente accertato" è legittimato dal fatto che si tratta di una scelta discrezionale del legislatore, segnalando tuttavia che lo Stato non può compensare le proprie carenze organizzative con una legislazione o una giurisprudenza protezionistica. Pertanto l'articolo 44 dev'essere quantomeno interpretato nel senso di ridurre gli spazi di discrezionalità che esso sembra attribuire all'ufficio sul quanto dovuto a titolo di interessi.

B) Il rimborso dell'eccedenza d'imposta mediante assegnazione di titoli di Stato.

In base alla disciplina sul rimborso del IVA, i contribuenti che nell'anno 1992 presentavano determinate caratteristiche non potevano computare il loro credito d'imposta in detrazione negli anni successivi, ma conseguire il rimborso unicamente tramite assegnazione di titoli di Stato.

L'arbitrarietà di una tale soluzione normativa non è sfuggita alla Corte di Giustizia dell'Unione Europea che l'ha censurata poiché violava la Direttiva comunitaria sulla disciplina degli. A distanza di 10 anni il Governo italiano ha ripristinato le ordinarie procedure di rimborso.

C) L'esiguità del termine di decadenza di rimborso.

In materia di imposte sui redditi era previsto un termine decadenziale di 18 mesi dalla data del versamento per chiedere il rimborso, nel caso di errore materiale, duplicazioni, o inesistenza totale o parziale dell'obbligo di versamento. Vista l'esiguità di tale termine il legislatore lo ha ampliato: nella novellata disciplina devono decorre quattro anni dalla data del versamento.

L'evanescente vincolo della progressività e il divieto di imposte regressive.

Il vincolo di progressività dell'imposta disposto dall'articolo 53 del suo secondo comma, appare piuttosto evanescente, posto che esso non concerne i singoli tributi, ma il sistema tributario nel suo complesso.

Insomma, nulla vieta che singoli tributi possano non essere progressivi e non la sicura che il sistema nel suo complesso lo sia.

Corollario dello stesso articolo è che il legislatore può scegliere tra imposte proporzionali e imposte

progressive, ma mai tra imposte proporzionali e imposte regressive.

Capitolo VII. L'interpretazione della norma tributaria.

L'interpretazione della legge tributaria in generale.

L'interpretazione consiste nell'attribuzione di significato agli enunciati. Gli enunciati sono disposizioni (o testi normativi) che racchiudono le regole di condotta (norma).

Le direttive di interpretazione codificate dal legislatore nell'articolo 12 disposizioni preliminari del codice civile sono applicabili anche all'enunciato tributario.

Si distingue l'interpretazione in dottrinale, giurisprudenziale e autentica, secondo che essa sia opera degli studiosi, di giudici o del legislatore.

Nel nostro ordinamento l'interpretazione è libera, cioè non vincolante e vige il principio generale

dell'efficacia del giudicato solo inter partes.

Di fatto,però, i precedenti giurisdizionali, soprattutto le sentenze della Corte di Cassazione della Corte Costituzionale, hanno grande importanza (le sentenze di accoglimento della Corte Costituzionale hanno poi efficacia erga omnes).

La circolare interpretativa del ministero delle finanze come fonte di una opinione autoritativa non

vincolante, con efficacia analoga (ma non identica) alle opinioni interpretative della dottrina e ai precedenti giurisprudenziali.

Quale efficacia è da attribuire all'interpretazione ministeriale, specie nell'ipotesi in cui essa dia corpo alla creazione di vere e proprie norme di esecuzione volte a completare il lacunoso dettato normativo e a fornire prescrizioni di dettaglio o alla formulazione di disposizioni che violano la disposizione interpretandola?

L'orientamento pressoché pacifico è nel senso che il giudice è tenuto ad applicare unicamente le leggi e i regolamenti e non le circolari, risoluzioni e note, alle quali possono riconoscersi l'importanza di un utile strumento per la ricerca e per la ricostruzione del significato della mens legis.

Va però rilevato che:

a) l'opinione interpretativa accolta dal ministero della circolazione esplica nei confronti dei giudici di

qualunque ordine un'efficacia analoga a quella del precedente giurisprudenziale e dell'opinione

espressa dalla dottrina;

b) che detta opinione interpretativa è vincolante per i funzionari degli uffici periferici in quanto la loro violazione è fonte di responsabilità disciplinare, contabile, aquiliana, ma non produce alcun effetto rispetto agli altri atti, i quali conservano piena validità allorché conicidenti con l'interpretazione accolta nella circolare;

c) rispetto ai contribuenti l'interpretazione dell'amministrazione è più forte dell'interpretazione

dottrinale e del precedente giurisdizionale.

L'interpretazione autentica.

La interpretazione autentica è quella che proviene dallo stesso legislatore, il quale talvolta emana apposite disposizioni al fine di chiarire il preciso significato di norme preesistenti. Essa non è vera e propria attività interpretativa, avendo la stessa efficacia vincolante di ogni altra disposizione legislativa(erga omnes); inoltre ha efficacia retroattiva .

Gli argomenti dell'interpretazione giuridica. L'interpretazione lessicale.

Anche alla norma tributaria sono applicabili le disposizioni in materia di interpretazione ex articolo 12 preleggi al codice civile.

In tema di ermeneutica bisogna partire dalla summa divisio tra interpretazione letterale e interpretazione logica.

L'interpretazione letterale o lessicale consiste nell'individuazione del significato dei termini impiegati dal legislatore nell'enunciato, qual è ricavabile del significato proprio delle parole e delle loro connessioni grammaticali sintattiche, tenuto conto anche dei contesti discorsivi di cui le frasi che fanno parte.

L'interpretazione letterale viene argomentata mediante:

- il combinato disposto, se manca l'enunciato unitario bisogna procedere alla ricomposizione o

combinazione dei vari frammenti di cui consta l'enunciato;

- il significato proprio delle parole, di solito il legislatore preferisce il linguaggio tecnico a quello comune;
- le definizioni legislative che sono vincolanti per l'interprete;
- la rilevanza del contesto discorsivo, per comprendere il significato occorre tener conto del contesto discorsivo in cui si inseriscono i vocaboli.
- l'argomento ha contrario, per il quale non è consentito attribuire all'enunciato linguistico un significato diverso da quello espresso delle parole.

L'interpretazione lessicale è da privilegiare se trattasi di una norma tributaria "a fattispecie esclusiva".

L'interpretazione logica.

L'interpretazione logica è volta ad individuare la ratio legis, ossia la ragion sufficiente che giustifica

l'emanazione della norma e senza la quale non sarebbe venuta ad esistenza (vuole individuare l'intenzione del legislatore).

Per giungere a tale risultato di giuristi si avvalgono di diversi argomenti interpretativi, dei quali i più usati in

campo tributario sono:

-l'argomento teleologico:ad una norma deve attribuirsi il significato corrispondente al fine proprio

della complessiva disciplina in cui la norma si inserisce. In materia tributaria l'argomento

interpretativo fondato sullo scopo ,consistente nella specificità del fenomeno economico tassato e

degli effetti che si vogliono conseguire con la tassazione, gode di una certa preminenza rispetto tutti

i restanti argomenti perché risultato interpretativo deve sforzarsi, ove possibile, di essere coerente

con la ratio del tributo (fatto economico che il singolo tributo ha lo scopo di colpire);

-argomento psicologico: è volto a ricostruire la volontà delle persone fisiche che partecipano alla

formazione della legge attraverso l'esame dei cosiddetti lavori preparatori. È accentuata

l'importanza di questo argomento nel settore tributario;

-l'argomento apagogico (ad absurdum):mette in luce a quali assurde conseguenze conduca l'adozione di una data ipotesi interpretativa al fine di screditarla e scartarla;

- l'argomento sistematico: presuppone il convincimento che ogni norma è parte di insieme più ampio, l'ordinamento giuridico, che è dotato di coerenza e unità, così che le singole norme devono essere interpretate in modo da non creare antinomie. Costituiscono l'applicazione dell'argomento

sistematico:

i. il criterio concettualistico-dogmatico;

ii. il criterio di interpretazione adeguatrice,necessità di scegliere tra i diversi significati di una norma quello conforme alle regole costituzionali;

iii. il criterio della costanza terminologica nell'ambito del stesso documento legislativo,si basa sulla presunzione che il legislatore impieghi ciascun vocabolo sempre con lo stesso significato e vocaboli differenti per significati differenti.

L'utilizzazione da parte delle norme tributarie di espressioni che designano istituti disciplinati in altri rami del diritto. La presunzione di costanza di significato degli stessi termini.

Nel caso in cui una norma tributaria faccia riferimento ad istituti già definiti e regolati da norme non

tributarie (specialmente dal diritto privato), posto che una delle fondamentali direttive dell'interpretazione attiene la presunzione di coerenza e unitarietà dell'ordinamento di giuridico, dovrà presumersi, in via di massima, l'uniformità di significati degli stessi termini qualora contemporaneamente ricorrono in una norma tributaria in una norma non tributaria, salvo deroghe implicite o esplicite nella stessa legge tributaria.

Il legislatore, nel porre la norma tributaria che utilizza istituti di altri rami del diritto (e che perciò è detta norma di secondo grado) non può discostarsi dalla qualificazione oggettiva prestabilita dalla normativa presente negli altri rami in specie nel diritto privato. Esiste una sorta di vincolo di subordinazione della norma tributaria a quella extra tributaria, al quale il legislatore non può sottrarsi a meno che gli individui motivi convincenti per farlo, in assenza dei quali la norma tributaria sarebbe costituzionalmente illegittima.

Relazioni tra interpretazione letterale è interpretazione logica; l'interpretazione dichiarativa, restrittiva ed estensiva. In quali casi deve prevalere l'interpretazione logico.

- Interpretazione dichiarativa: si ha se, attraverso l'impiego di argomenti diversi da quelli lessicale e a contrario, si può giungere a conclusioni che confermano i risultati attinti con questi ultimi due;

- interpretazione estensiva o restrittiva: si ha se, attraverso l'impiego di argomenti diversi da quelli

lessicale e a contrario si estende o si restringe la portata della norma, quale emerge dall'utilizzo di

argomenti lessicale e a contrario.

Interpretazione estensiva ed analogica. Il problema dell'integrazione analogica delle norme tributarie impositrici.

Il ragionamento per analogia, volto ad estendere la disciplina prevista dalla norma a fattispecie simili a quelle espressamente regolate, non è dagli studiosi di teoria generale del diritto unanimemente ricondotto all'attività interpretativa:mentre per alcuni vi sarebbe una sostanziale diversità di concetto tra interpretazione estensiva e procedimento analogico, per altri l'analogia sarebbe un mezzo di interpretazione non dissimile dal punto di vista qualitativo dalla interpretazione estensiva.

A nostro avviso l'analogia si identifica con l'interpretazione logica mediante la quale l'interprete individua il significato della norma in base ad un'indagine sulla sua ratio, estendendone la portata oltre la lettera; mentre ci pare che una distinzione tra attività interpretazione e integrazione analogica della norma possa sussistere soltanto se si accoglie quale significato del termine "interpretazione" unicamente l'interpretazione letterale dichiarativa e non anche quella estensiva.

Il problema delle condizioni ed i limiti all'ammissibilità dell'integrazione analogica della norma tributaria si pone solo con riguardo alle norme positive(ossia quelle che fissano i presupposti sostanziali, oggettivi soggettivi, che legittimano il prelievo del tributo),sanzionatorie(ossia quelle norme che prevedono sanzioni di carattere amministrativo per l'aviazione di obblighi tributari), ovvero relativamente a quelle disposizioni che istituiscono e esenzioni o agevolazioni o aggravi nei confronti di certe situazioni oggettive di certi soggetti);non presentano problemi di ammissibilità dell'interpretazione analogica le norme procedurali.

Per quanto riguarda il divieto di analogia per le norme positive, non non è accoglibile né la tesi secondo cui il divieto si fonda nel disposto dell'articolo 23 costituzione, in virtù del quale le prestazioni patrimoniali possono essere imposte solo in base alla legge, né quella secondo cui il divieto si fonda sul fatto che la formulazione delle fattispecie impositive si presenterebbero sempre quali norme a fattispecie esclusiva (gli elementi di fatto costituenti la fattispecie legale impositiva sarebbero sempre dettagliatamente individuati dalla norma, sì da rendere praticamente impossibile l'espansione della medesima oltre i casi in essa previsti).

In realtà il problema della utilizzabilità o non utilizzabilità dell'analogia va risolto senza apriorismi e con approccio fattuale e realistico: sarà la singole leggi d'imposta a dirci di volta in volta la chiave di lettura in ordine all'utilizzabilità o meno dell'analogia.

L'articolo 37 bis del decreto 600 del 1979 dispone regole sull'interpretazione analogica, prevedendo che l'amministrazione finanziaria ricorra all'integrazione alla logica.

L'applicazione in via analogica della norma tributaria esentativa.

Le disposizioni che sanciscono esenzioni ed agevolazioni in favore di determinate situazioni oggettive o di determinati soggetti sono suscettibili di interpretazione analogica. Lo stesso vale per le norme di disincentivo e di aggravio.

Capitolo VIII. L'elusione e l'interpretazione antielusiva.

Le origini dell'interpretazione antielusiva della norma tributaria del diritto tributario italiano.

Nella dottrina italiana la teoria dell'interpretazione antielusiva è frutto del lavoro scientifico effettuato intorno agli anni 30 del ventesimo secolo della cosiddetta "scuola di Pavia". La teoria scaturisce dalla constatazione che il problema fondamentale del diritto d'imposta consiste nella ripartizione iniqua delle spese collettive o spese comuni o spese pubbliche. Il tributo non costituisce una limitazione dei diritti di una quarta azione della libertà privata. Perciò il diritto tributario non è un diritto eccezionale.

Fenomenologia dell'attività ingannatori del privato: i contratti e i negozi "in maschera"; la simulazione relativa, reale o personale; il trasferimento della categoria di appartenenza del reddito.

L'amministrazione, nell'accertare gli effetti giuridici reali che le parti hanno inteso conseguire ponendo in essere un negozio o una concatenazione di negozi giuridici, ha il potere-dovere di non lasciarsi irretire dalla denominazione (nomen iuris) attribuita ad essi dalle parti eventualmente per disorientare gli organi dell'amministrazione e trarli in inganno.

L'amministrazione deve ricostruire fedelmente gli effetti giuridici di ogni singola vicenda quali emergono dal regolamento negoziale posto in essere e dalle norme ad esso applicabili, per poi inquadrare tali effetti negli astratti schemi tracciati dalle norme di diritto tributario.

L'attività ingannatoria del privato può venire ad esistenza in forme diverse:

a) il contratto in maschera: i contribuenti sottopongono a travestimento la loro effettiva volontà negoziale per disorientare i funzionari del fisco; lo scopo perseguito è quello di evitare di subire una più onerosa tassazione o la perdita del diritto al rimborso. Con questo fenomeno si verifica una discrasia tra nome iuris apparente e natura intrinseca del contratto. Il potere del fisco di procedere al corretto inquadramento della natura giuridica di atti e contratti trova fondamento nelle regole che presiedono all'interpretazione dei contratti (articoli 1362 e seguenti del codice civile);

b) interposizione fittizia di persona: l'articolo 1417 codice civile consente a qualunque terzo estraneo alla pattuizione del regolmento contrattuale di far valere la simulazione a mezzo di prove testimoniali o di semplici presunzioni. L'articolo 37, terzo comma del decreto 600 del 1973 si riferisce all'interposizione fittizia di persona o simulazione soggettiva e statuisce che in sede di rettifica o di accertamento d'ufficio sono imputati al contribuente i redditi di cui appaiono titolari altri soggetti, quando si è dimostrato che egli ne è l'effettivo possessore per interposta persona. Pertanto il fisco, che è equiparato ad un terzo, può far valere la simulazione davanti al giudice tributario, senza necessità di previo accertamento davanti al giudice civile;

c) travestimento della categoria di appartenenza del reddito: si tratta dell'inclusione del reddito in una categoria anziché in un'altra al fine di ottenere qualche vantaggio. L'articolo 6, secondo comma del Testo Unico delle imposte sui redditi stabilisce i proventi conseguiti in sostituzione dei redditi hanno l'identica natura e ricadono nella stessa categoria di quella spettante ai redditi sostituiti.

La definizione dell'elusione; (probabile) esistenza di una clausola generale antielusiva.

L'elusione fiscale è caratterizzata :

- dalla anormalità della concatenazione di atti escogitata per raggiungere un dato risultato economico rispetto a quelle solitamente adottate dagli operatori che versano nelle medesime esigenze;
- dall'assenza, dietro la scelta di tale particolare concatenazione, di alcuna plausibile ragione che non sia esclusivamente quella di conseguire per il suo tramite un certo vantaggio fiscale;
- dalla circostanza che tale vantaggio sia ottenuto aggirando una determinata regola tributaria normalmente adottabile e non sia quindi qualificabile come fisiologico o comunque coerente con il sistema.

Prima dell'entrata in vigore della legge 408 del 1990 non esisteva un principio generale antielusivo espresso o desumibile implicitamente dal sistema normativo. Infatti la moltitudine di norme antielusive specifiche sembrava incompatibile con una norma generale dello stesso tipo.

L'articolo 37 bis de decreto 600 del 1973 ha introdotto le seguenti novità:

- l'avverbio "fraudolentemente" è stato sostituito con il verbo "aggirare ";
- la caduta dello scopo esclusivo di ottenere un risparmio di imposta quale presupposto di esistenza dell'elusione, tuttavia la Corte di Giustizia Europea ritiene indispensabile che lo scopo di ottenimento del vantaggio sia essenziale;
- l'ampliamento della casistica delle operazioni potenzialmente elusive (da cinque a 15),denota che il divieto di elusione è divenuto clausola generale.

Gli effetti della norma antielusiva.

I principali effetti dell'applicazione delle norme antielusive sono i seguenti:

- in opponibilità all'amministrazione finanziaria ed eliminazione dei vantaggi tributari ottenuti: il potere di neutralizzare o di inopponibilità del comportamento elusivo è dato all'amministrazione finanziaria non per cancellare gli effetti giuridici degli atti e elusivi, ma per eliminare il danno economico arrecato al fisco e costituito dagli indebiti vantaggi tributari conseguiti;
- detrazione di quanto pagato: dalle imposte calcolate sulla base dell'applicazione di norme eluse devono essere detratte quelle minori, assolte allorché è stato realizzato il comportamento elusivo;
- rimborso a terzi dell'imposta pagata: i soggetti diversi da quelli cui sono applicate le disposizioni antielusive possono richiedere il rimborso delle imposte pagate a seguito di comportamenti disconosciuti dall'amministrazione finanziaria; a tal fine possono proporre istanza di rimborso all'amministrazione il cui termine è di un anno dal giorno del concordato, della conciliazione o della definitività dell'accertamento.

La disapplicazione di norme antielusive a valenza particolare.

L'articolo 37 di decreto 600 del 1973 attribuisce all'amministrazione la facoltà di disapplicare le norme antielusive a valenza specifica(che il legislatore, nel tentativo di incrementare il gettito, detta in deroga ai principi generali che regolano, nell'ambito di ciascun tributo, il calcolo dell'imponibile e di tutte le posizioni soggettive).

I caratteri essenziali dell'istituto della disapplicazione sono:

- il presupposto per l'ottenimento - per ottenere il beneficio della licenza di disapplicazione della legge limitatamente alla propria persona, il contribuente deve mostrare all'amministrazione finanziaria che le ragioni che indussero il legislatore ad ostacolare, limitare, negare la fruizione di una delle su elencate posizioni soggettive non sussistono nella particolare fattispecie che lo concerne. La clausola di disapplicazione sostanzialmente trasforma le numerose presunzioni assolute di elusività a spettro specifico in presunzioni legali relative, con onere a carico del contribuente;
- l'effetto- la pronuncia favorevole dell'amministrazione finanziaria o, in sua vece, il silenzio-assenso rende non applicabile la norma nei riguardi del richiedente;
- la procedura- nel caso di ipotesi di rifiuto, probabilmente valgono in materia gli stessi principi elaborati da dottrina e giurisprudenza in tema di rifiuto all'esercizio dell'autotutela.

Capitolo IX. Il presupposto dell'imposta e l'aliquota.

.Il tributo può essere definito come un'obbligazione avente per oggetto una prestazione pecuniaria nascente direttamente o indirettamente dalla legge,al verificarsi di un presupposto di fatto.

Il presupposto di fatto, poiché l'imposta si risolve nella nascita ed estinzione di un'obbligazione pecuniaria, consiste nei fatti e situazioni previsti dalle singole leggi d'imposta, riferibili ad un soggetto e verificatesi in un certo spazio e in un certo lasso di tempo, che fungono da fonte immediata o mediata dell'obbligazione.

Nella ricerca di fatti da elevare a presupposti di imposta legislatore ha grande libertà di scelta, fermo il limite della capacità contributiva (articolo 53 costituzione). Tuttavia il legislatore tende a colpire le situazioni economiche che per la loro diffusione e attitudine alla contribuzione appaiono più idonee ad essere poste a fondamento del tributo. Queste situazioni solo il reddito, il patrimonio, e gli scambi.

Classificazione delle imposte in base a posto. Imposte dirette e indirette. Istantanee e periodiche.

Sono imposte dirette quelle che assumono a presupposto indici diretti di forza economica (reddito o patrimonio); sono invece imposte indirette quelle che colpiscono fatti che palesano

Tale forza economica (idoneità soggettiva alla contribuzione) solo in via indiretta o indiziaria (gli scambi).

L'obbligazione di corrispondere all'ente pubblico una somma a titolo di imposta può essere periodica o unica a seconda che il presupposto del tributo consista in uno stato di fatto suscettibile di ripetersi nel tempo o in un solo determinato avvenimento: pertanto si distinguono imposte periodiche e imposte istantanee.

Le imposte periodiche presentano una duplice caratteristica: a) il legislatore deve sempre determinare il periodo a cui deve aversi riguardo per la concreta e compiuta determinazione del presupposto, ossia il cosiddetto periodo di imposta, che di regola coincide con l'anno solare e che costituisce uno degli elementi essenziali cui si riannoda la determinazione dell'obbligazione periodica di imposta;

b) per ciascun periodo sorge una distinta obbligazione, cosicché una volta determinato il periodo di imposta, l'obbligazione periodica non si distingue più da quella istantanea.

La distinzione fra imposte periodiche ed istantanee non coincide con quella tra imposte dirette e indirette, anche se generalmente le imposte dirette sul patrimonio e sui redditi hanno il carattere di imposte periodiche, mentre le imposte indirette sugli scambi danno luogo ad un'obbligazione istantanea.

Caratteristica delle imposte istantanee è che per ogni singolo avvenimento che ne forma il presupposto,sorge una distinta obbligazione;senonché , dato il modo in cui si svolge l'accertamento di questi imposte,può accadere che un'unica obbligazione si scomponga in diverse parti, che diventano inesigibili in tempi diversi e che sono soggette a disciplina diversa. Si hanno quindi delle obbligazioni di imposta principale, complementari e supplementari.

Altre distinzioni rilevanti.

Le accise (imposte di fabbricazione e di consumo) ed i tributi doganali si inquadrano nella categoria delle imposte sui consumi, poiché per effetto della traslazione economica essi finiscono col colpire il consumatore finale.

Possono ricomprendersi tra i tributi sui consumi solo quelli che finiscono per gravare sul consumatore finale a causa di meccanismi di rivalsa riconosciuti all'operatore dallo stesso legislatore (è quanto avviene, ad esempio ,nell'imposta sul consumo dell'energia elettrica ove il tributo pagato dal fabbricante direttamente in tesoreria con diritto di rivalsa sui consumatori). In mancanza di tale diritto di rivalsa le imposte che finiscono generalmente per gravare sui consumatori finali si considerano come imposte sugli atti di immissione al consumo.

Un'altra distinzione rilevante è quella tra le imposte generali e speciali sul reddito o sul patrimonio. Sono generali le imposte(es. Irpef) che colpiscono l'indice considerato nel suo complesso, in tutte le sue manifestazioni, mentre sono speciali quelli imposte(es. Ici) che assoggettano al tributo una sola parte o componente del reddito o del patrimonio.

Le imposte sul patrimonio possono essere distinte a seconda che l'indice sia passato al lordo o al netto delle passività ad esso relative.

L'ampliamento del presupposto tipico: le equiparazioni (o assimilazioni).

Molte leggi di imposta, dopo aver definito la fattispecie tipica della relativa imposta, operano una sorta di ampliamento della fattispecie stessa con l'espressa e puntuale previsione di una serie di ipotesi di

equiparazione .Tratto comune a tutte le equiparazioni è l'applicazione della disciplina propria dei

presupposti tipici di imposta a situazioni diverse che, quanto rilevanza, vengono assimilate ai primi.

Le norme che dispongono l'equiparazione si ispirano ad una duplice ratio:

a) vi sono ipotesi in cui legislatore reputa che fatti tipici e assimilati siano equivalenti in termini di indizio di forza economica (ad esempio la surrogazione nei limiti del creditore è equiparata alla cessione del diritto spettante al creditore surrogato);

b) in altre ipotesi la ratio dell'equiparazione è di sbarramento a possibili manovre evasive o elusive e le fattispecie equiparate sono individuate a cagione della loro possibile dissimulazione di un diverso regolamento negoziale o per la loro attitudine ad integrare, con procedimento indiretto, risultati vietati ovvero, perché volte a conseguire i risultati propri di un diverso negozio soggetto a tassazione più onerosa e dunque ad eludere tali imposizioni più gravose.

Non sempre la conclamata ratio antielusiva è presente e ,al riguardo , è da notare che nella legislazione tributaria più recente si assiste ad un continuo proliferare e ad un vero abuso delle equiparazioni antielusive,in violazione degli articoli 3 e 53 costituzione.

Il restringimento del presupposto tipico: esenzioni ed esclusioni di imposta.

La distinzione tra esenzione ed esclusione ha il suo cardine nel concetto di presupposto tipico di ciascuno tributo.

Si ha l'esenzione se la norma sottrae all'applicazione del tributo un fatto o un insieme di fatti (esenzione oggettiva) o una persona o un insieme di persone (esenzione soggettiva) che, in sua assenza, rientrerebbero naturalmente nell'area del presupposto tipico.

Si ha esclusione di imposta quando le disposizioni si limitano ad esplicare una funzione (talvolta in chiave interpretativa) di mera delimitazione dei confini del presupposto tipico.

La legislazione recente si caratterizza per una poco lodevole tendenza a confondere i due istituti, spacciando come esclusioni vere e proprie esenzioni.Le ragioni di ciò sono:

1)di facciata:si vuole favorire una categoria di soggetti ma non lo si vuole svelare:

2)di carattere giuridico:spesso la delega a rielaborare o elaborare la disciplina di un tributo non include il mandato ad accordare esenzioni,e si vuole aggirare l'ostacolo designando le esenzioni come esclusioni.

Vi sono esenzioni oggettive e soggettive e vi sono esclusioni oggettive e soggettive.

Vi sono esenzioni nascenti direttamente dalla legge (es.esenzione soggettiva da Irpeg dei fabbricati di proprietà da Santa sede) altre subordinate alla presentazione di una istanza di parte o dall'emissione di un provvedimento autoritario di esonero (es. l'esenzione dalle imposte sui redditi per gli immobili con destinazione ad usi culturali).

I regimi fiscali sostitutivi.

I regimi fiscali sostituitivi consistono in meccanismi positivi, che sostituiscono le normali imposte applicabili a determinate fattispecie.

Nascono o per un'esigenza di alleggerimento del peso del prelievo tributario o per la maggior certezza di situazione di prelievo con regime sostitutivo rispetto al regime normale. Ha funzione di alleggerimento l'imposta sostitutiva dell'imposta di registro, bullo, ipotecarie e catastali e delle tasse sulle concessioni governative corrisposta dagli istituti che effettuano operazioni di credito a medio e lungo termine; ha invece finalità di semplificazione degli adempimenti formali e di garanzia del prelievo il regime sostitutivo che prevede la ritenuta a titolo d'imposta sui proventi percepiti da residenti all'estero per prestazioni di lavoro autonomo effettuate in Italia.

Benché in linea di principio il tributo sostituito dovrebbe assoggettare ad imposizione lo stesso presupposto di fatto dell'imposta sostituita,quest'ultima si risolve nella creazione di un tributo avente un'accentuata autonomia dall'imposta sostitutiva proprio in riferimento alla fattispecie imponibile. Tale autonomia manca nella cosiddetta cedolare inflazione.

Ulteriori classificazioni e distinzioni descrittive.

Si ha sovrapposizione di presupposti quando una fattispecie costituente presupposto per l'applicazione di un tributo diventa contemporaneamente presupposto per l'applicazione di un ulteriore distinta imposta.

La sovrapposizione integrale si verifica nei casi della sovraimposizione (presupposto e imponibile

dell'imposta costituiscono presupposto e imponibile anche di un'altra imposta) e dell'addizionale (si incrementa di una percentuale l'aliquota di un certo tributo).

Si ha il fenomeno dei presupposti alternativi quando le fattispecie di due imposte diverse sono disegnate e coordinate dalla legge in modo da escludere una simultanea applicazione di entrambe (ad esempio le imposte di registro IVA).

La doppia imposizione interna.

L'articolo 163 del Testo Unico delle imposte sui redditi afferma che "la stessa imposta non può essere

applicata più volte in dipendenza dello stesso presupposto, neppure nei confronti di soggetti diversi".

Questa norma, non essendo di rango costituzionale, non vincola il legislatore, ma si indirizza

all'amministrazione finanziaria imponendole di rispettare il principio di ragionevolezza e il criterio del ne bis in idem (il divieto di emanare più atti positivi con riferimento al medesimo reddito anche nei confronti di soggetti diversi: ciò comporterebbe la nullità del secondo atto, a meno che quest'ultimo non si sostituisca al primo, accompagnandosi all'annullamento del primo).

Ulteriori elementi di presupposto: spazio, tempo, periodo d'imposta, periodo di commisurazione e ascrizione.

Per la completa determinazione legislativa del presupposto occorre che sia precisata la sua scansione nel tempo. Da questo punto di vista dei presupposti si distingue in due categorie:

1)presupposti consistenti in un solo determinato avvenimento o rapporto, che si esaurisce in un certo lasso di tempo;

2)fatti o situazioni che si ripetono o possano ripetersi uniformemente e che hanno una certa durata.

In tal caso la legge deve individuare il cosiddetto periodo di imposta (frazione di tempo entro cui deve

essere circoscritta la situazione di fatto oggetto dell'imposta).A ciascun periodo corrisponde una obbligazione tributaria distinta.

Il presupposto deve poi presentare elementi di collegamento col territorio dello Stato (ad esempio la

residenza, domicilio, dimora, sede legale, luogo in quella cosa casale situato o in quel contratto è stato

stipulato…).

Il debito di imposta nasce solo se la fattispecie oggettiva realizzata risulta ascrivibile (imputabile ad una persona ;ad esempio, ai fini dell'Irpef è disposto che il presupposto della imposta è acritta al possessore dei redditi ovunque prodotti se questi è residente nel territorio dello Stato e al possessore di soli redditi prodotti in Italia se questi non è residente: in questo caso la iscrizione avviene con l'impiego di una relazione giuridica denominata "possesso".

La base imponibile o parametro.

L'ammontare del debito d'imposta deriva dall'applicazione dell'aliquota o tasso percentuale, fissato dalla legge, ad una grandezza variamente denominata (base imponibile, imponibile, parametro…).

I criteri per la determinazione dell'imponibile sono necessariamente diversi per le varie specie di presupposti di imposta (ad esempio differiscono notevolmente per le varie categorie di reddito ai fini

dell'Irpef o del Irpeg), ma possono differire anche nell'ambito della medesima specie di presupposto (come avviene in relazione al reddito dell'impresa a contabilità ordinaria).

La base imponibile può essere totalmente autonoma rispetto al presupposto e influire esclusivamente su una misura del tributo; se invece essa è uno degli elementi costitutivi del tributo, essa incide sulla debenza del tributo stesso.

Se la base imponibile ha struttura semplice(costituita da entità che devono essere semplicemente pesate,numerate o misurate), la sua individuazione è agevole, ma più spesso è a struttura composita, essendo la risultante o somma algebrica di insieme di elementi positivi e negativi (Irpef, Irpeg).

In tali casi la legge si incarica sia di definire gli elementi attivi e passivi sia di definire i criteri di tassabilità dei primi e di deducibilità di secondi.

Sempre più spesso si assiste alla manipolazione normativa dei criteri di tassabilità e di deducibilità o dell'imponibile risultante dall'applicazione di quei criteri e ciò a scopi di incentivo o disincentivo.Infatti:

a)per alleggerire il peso dell'imposizione numerose norme rinviano il momento nel quale elementi positivi di reddito partecipano alla formazione della base imponibile o anticipano il momento di deducibilità di elementi negativi;

b)per favorire nuovi investimenti è stata accordata la detassazione di una parte dell'imponibile dichiarato, correlandone la misura all'ammontare dei nuovi investimenti effettuati nell'anno;

c)per disincentivare la tendenza a non affittare le unità immobiliari destinate ad abitazione alcune norme dispongono che la rendita di tali unità venga rivalutata con coefficienti superiori a quelli normalmente applicabili e cioè fino a 3 volte il normale ammontare;

d)l'ampliamento della base imponibile può aver luogo per ragioni antielusive mediante norme che pongono limiti alla deduzione di componenti negativi o che aumentano i componenti positivi.

Anche in quest'ambito il legislatore abusa della norma antielusiva.

La distinzione delle imposte dirette sul reddito e sul patrimonio in base alle regole poste dalla legge per la determinazione degli imponibili. Imposte oggettive e soggettive, reali e personali.

Le imposte dirette si suddividono in personali (o soggettive) e reali (o oggettive). Le imposte personali

(Irpef) colpiscono l'insieme dei redditi o dei beni del contribuente, o anche una parte di essi, ma in quanto spettano ad una data persona, e dunque avuto riguardo alle sue condizioni personali e familiari. Le imposte reali (Irpeg e ira) riguardano singoli beni o redditi o anche gruppi di beni o di redditi considerati nella loro nuda oggettività, senza tener conto della condizione personale del soggetto passivo d'imposta.

Questa distinzione rileva ai seguenti fini:

a) per l'individuazione del momento in cui si verifica la nascita del debito d'imposta: infatti le imposte

soggettive colpiscono il reddito nel momento in cui perviene a colui che ne ha l'effettivo godimento,

mentre le imposte reali lo colpiscono all'origine, all'atto della sua produzione, indipendentemente

dalla sua successiva ripartizione;

b) ai fini della deduzione delle passività: delle imposte personali si sottraggono dal reddito del soggetto passivo tutti gli oneri che ne diminuiscono la libera disponibilità, mentre nelle imposte reali si tiene conto soltanto delle passività strettamente inerenti al reddito colpito e che lo diminuiscono nella sua oggettività.

La personalizzazione del Irpef(unico tributo a carattere soggettivo nell'ambito delle imposte reddituali) è realizzata con diversi espedienti tecnici:

a) gli oneri deducibili: si tratta di spese che non esprimono capacità contributiva non vengono equiparati alle normali spese di consumo del reddito, ma sono volte a soddisfare le esigenze minime di sopravvivenza ma anche imprescindibili e irrinunciabili e perciò, le somme impiegate per sostenerle devono essere indenni da contribuzione;

b) le detrazioni soggettive di imposta: dall'imposta che colpisce reddito complessivo si deducono:

i. una somma, definita quota esente, che è volta ad assicurare al soggetto la non tassazione della

porzione di reddito corrispondente al cosiddetto "minimo vitale";

ii. altre somme, di importo variabile, per il coniuge e i figli a carico.

La legge prevede anche detrazioni oggettive di imposta, che però assorbono funzioni diverse dalle detrazioni soggettive (discriminazione qualitativa dei redditi, forfetizzazione di spese deducibili...).

Attraverso il Irpef si attua il principio della progressività.

Imposte fisse e variabili. In poche variabili e tasso di imposta. Tipologie di aliquote e classificazione dei tributi in base ad esse. Le aliquote progressive e le forme tecniche di attenuazione della progressività per redditi e incrementi poliennali. Inflazione e rivalutazione delle aliquote.

Si distinguono le imposte fisse (espresse in una somma determinata di denaro) e imposte variabili (espresse in una quota da ragguagliarsi alla grandezza della base imponibile).

L'imposta fissa si riscontra solo se il presupposto è costituito dal semplice fatto dell'esistenza di una

persona soggetta alla potestà finanziaria dell'ente pubblico oppure se il presupposto consiste nella

determinazione di una cosa.

Il sistema dominante è quello dell'imposta variabile commisurata alla grandezza della base imponibile. Per esempio, per la maggior parte delle accise (imposte sugli oli minerali, sugli alcolici...) l'imposta è calcolata applicando una somma fissa all'unità di misura prescelta dalla legge (ettolitri, che quintale...).

Quando invece la base imponibile è formata dal valore dell'oggetto, il tasso dell'imposta è espresso in una percentuale di questo valore.

L'applicazione del tasso alla base imponibile può avvenire in modo proporzionale o progressivo. Secondo il sistema proporzionale il tasso è fissato in un'aliquota che non muta quale che sia in concreto l'ammontare della base imponibile, e quindi l'ammontare del debito aumenta proporzionalmente al crescere della base

imponibile.

Secondo il criterio della progressività(secondo la vigente costituzione,art 53), il tasso d'imposta per il medesimo tributo non è uniforme, ma varia col variare della base imponibile, è divisa in scaglioni, per ciascuno dei quali la legge stabilisce un tasso via via più elevato, fino ad un limite massimo (progressività per scaglioni). Si può anche avere una progressività continua, in cui l'aliquota dello scaglione più alto nel quale ricade l'imponibile si applica a tutta quanta la base imponibile (ma questo è un metodo poco usato, perché discrimina irragionevolmente gli imponibili che

ricadono nella fascia più bassa dello scaglione rispetto a quelli che ricadono nella fascia più alta dello

scaglione che lo precede).

Le imposte reali sono ordinariamente proporzionali; le imposte personali sono normalmente progressive.

Ma ciò non accade sempre (la progressività trova applicazione soprattutto delle imposte che tendono ad adeguarsi a capacità contributiva del cittadino, come ad esempio nel Irpef).

L'aliquota progressiva può dar luogo a forme di incostituzionalità qualora a formare la base imponibile

entrino elementi (plusvalenze, incrementi di valore realizzati di certi beni...) a formazione poliennale e la legge non tenga conto di tale poliennalità. Per ovviare a tale inconveniente la legge ricorre spesso al metodo della tassazione separata, mediante il quale i proventi a formazione poliennale sono assoggettati ad una aliquota speciale.

Altro problema derivante dall'aliquota progressiva è il fiscal drag: nell'ambito di un'imposta progressiva il rigonfiamento nominalistico del reddito dovuto all'inflazione, ma al quale non corrisponde un reale incremento di capacità contributiva, si traduce in un aumento effettivo del prelievo fiscale. A ciò si posto rimedio mediante l'introduzione di meccanismi di indicizzazione dell'aliquota.

Presupposto, base imponibile ed aliquota, esenzioni esclusioni … come criteri di riparto.

L'imposta è un'obbligazione di riparto di spese pubbliche e ciascun contribuente è debitore di una quota insieme alla platea di tutti gli altri contribuenti soggetti alla stessa imposta. Pertanto ogni legge d'imposta deve individuare i soggetti passivi della contribuzione e gli indici oggettivi di riparto riferibili a quei soggetti passivi, ossia i fatti e le situazioni da cui dipenderà la determinazione della quota di contribuzione relativa a ciascun singolo e alla quale corrisponderà il debito individuale di imposta.

Capitolo X. I soggetti passivi del tributo.

La soggettività passiva tributaria.

È oggetto di dibattito se i soggetti passivi dell'imposta si identifichino con i soggetti di diritto privato ovvero se sussista una "soggettività tributaria" più estesa rispetto alla soggettività privatistica. Un'autorevole dottrina sostiene ,infatti,che la capacità di giuridica tributaria nel nostro ordinamento vada al di là della capacità giuridica di diritto privato: il diritto tributario attribuisce la capacità di essere soggetti passivi d'imposta anche a unioni di persone o a complessi di beni sforniti, secondo il diritto privato, di capacità giuridica.

A nostro avviso, vi può essere un soggetto passivo d'imposta solo in presenza di una persona fisica o di

un ente dotato di soggettività giuridica di diritto privato, in base alla considerazione che l'obbligazione

tributaria (come ogni obbligazione) consiste nella soggezione del patrimonio dell'obbligato alla garanzia del creditore e, di conseguenza, soggetto passivo di tale soggezione non può che essere un patrimonio riferito ad un soggetto.

Il contribuente.

Il contribuente è il soggetto tenuto la contribuzione, ovvero il soggetto passivo dell'obbligazione di

imposta. Egli deve l'imposta perché si sono verificati fatti e situazioni previsti dalla legge come presupposto tributario, a lui riferibili o ascrivibili.per assumere la veste giuridica di contribuente non occorre che l'obbligato d'imposta instauri un rapporto diretto con l'ente pubblico creditore.

L'obbligato solidale paritario nel diritto tributario: principi generali e problemi aperti.

In diritto tributario molte disposizioni sanciscono un vincolo solidale tra più soggetti ai fini

dell'adempimento di una medesima obbligazione nel caso in cui gli stessi abbiano concorso alla

realizzazione di un medesimo presupposto di fatto dell'imposta (ad esempio produzione del reddito di un miliardo da parte di Tizio e Caio derivante da un occasionale affare). In tale eventualità il presupposto è unitario e plurisoggettivo.

Postulare la necessità che la definizione del rapporto obbligatorio di imposta, dovendo avvenire in maniera uniforme per tutti i coobligati, vada perseguita con il coinvolgimento di tutti, in ogni momento e fase, e quindi nella prospettiva della realizzazione del litisconsorzio necessario, è soluzione conforme ai principi di giusto riparto.

Il coobbligato dipendente illimitato.

La solidarietà paritaria è quel vincolo solidale caratterizzato da una pluralità di obbligazioni di pari rango che dal lato attivo fanno capo all'ente creditore, mentre dal lato passivo sono poste a carico di più obbligati tributari tutti principali. In questo tipo di solidarietà il presupposto d'imposta si realizza nei confronti di tutti i diversi obbligati, pur potendo variare il carico di imposta che ,per effetto delle azioni di regresso, a ciascuno di essi.

Si ha invece solidarietà dipendente quando i vincoli facenti capo a ciascun soggetto, pur avendo identico contenuto hanno un rapporto di dipendenza. L'obbligazione facente capo al coobbligato in via dipendente esiste solo in quanto esista l'obbligazione principale a capo ad un altro soggetto; tuttavia nessun beneficio escussione è previsto normalmente a favore dell'obbligato dipendente, poiché nei confronti dell'ente creditore, obbligato principale e obbligato dipendente sono sullo stesso piano.

Alla categoria della solidarietà dipendente viene ricollegata la figura del responsabile di imposta (colui che è obbligato al pagamento dell'imposta insieme ad altri, per fatti o situazioni esecutivamente riferibili a questi ultimi); l'estraneità del responsabile di imposta alla realizzazione del presupposto imponibile è elemento che diversifica questa figura dalle altre obbligazioni solidali dipendenti.

Il coobbligato dipendente limitato.

La responsabilità dipendente limitata non è una fattispecie in cui ricorre la solidarietà tributaria, tuttavia la legge gli ricollega i medesimi effetti. Si tratta, come nel caso del responsabile di imposta, di una responsabilità per il pagamento dell'imposta e/o sanzioni amministrative facenti capo ad un soggetto diverso dal debitore di imposta; responsabilità che richiede la sussistenza dell'obbligazione principale.

Tale responsabilità non si estende a tutto il patrimonio del soggetto responsabile, essendo circoscritta ad uno o più beni determinati.

Una fattispecie tipica in cui ricorre questa figura è rappresentata dai privilegi speciali che garantiscono la riscossione sia delle imposte sul reddito sia delle imposte sui trasferimenti.

Il sostituto d'imposta. Precisazioni terminologiche e distinzioni preliminari.

Per garantire una più sicura esazione, in alcuni casi la legge allarga la sfera dei soggetti passivi estendendo l'ascrizione di situazioni giuridiche soggettive rilevanti ai fini del prelievo a persone diverse da quelle cui è direttamente riferibile la situazione base.

Il sostituto d'imposta è il soggetto obbligato al pagamento di un'imposta o di un acconto di imposta in

luogo di altri, per fatti e situazioni a questi riferibili, mentre il sostituito di imposta è il soggetto nei cui

confronti è realizzata la situazione base del tributo.

La rivalsa è il meccanismo attraverso cui il sostituto procede al recupero, nei riguardi del sostituito,

dell'imposta pagata o da pagare all'erario.

Le ipotesi tipiche di sostituzione tributaria sono: la sostituzione totale con ritenuta di rivalsa facoltativa; la sostituzione totale con ritenuta di rivalsa obbligatoria; la sostituzione parziale con rivalsa obbligatoria (ritenuta d'acconto).

La sostituzione totale con ritenuta di rivalsa facoltativa.

Il sostituto,una volta effettuato il dovuto pagamento all'erario, non è obbligato a rivalersi sul sostituito, ossia a procedere al recupero dell'imposta pagata, essendo libero di procedere o meno. In tal caso, quindi, l'unico soggetto passivo dell'obbligazione tributaria è il sostituto d'imposta e ciò esclude che il sostituito possa essere perseguito dall'amministrazione finanziaria, sia che abbia subito la ritenuta, sia che non l'abbia subita.

La sostituzione totale con ritenuta di rivalsa obbligatoria (cedolare secca).

Il sostituto obbligato è a rivalersi sul sostituito, ossia a procedere al recupero presso quest'ultimo

dell'imposta pagata o da pagare. Tra le ipotesi di sostituzione totale con rivalsa obbligatoria si hanno, ad esempio, i redditi di lavoro dipendente e assimilati corrisposti a soggetti che, non disponendo di altri redditi, non sono tenuti alla presentazione della dichiarazione annuale.

Per effetto di questo tipo di sostituzione possono configurarsi quattro diverse situazioni per quanto riguarda i rapporti tra sostituto, sostituito e amministrazione finanziaria(artt. 64 del d.p.r. n. 600/73 e 35 del d.p.r. n 602/73):

a) il sostituto non ha esercitato preventivamente la ritenuta di rivalsa, ma ha assolto ugualmente il debito verso l'erario: il sostituto subisce le sanzioni previste per la violazione dell'obbligo di operare le ritenute, ma il sostituito non ha conseguenze, essendo assolto il debito tributario nei confronti dello Stato. Il sostituto può esercitare rivalsa entro gli ordinari termini prescrizionali limitatamente all'imposta assolta (esclusa la soprattassa per l'omessa ritenuta.

b) il sostituto non ha esercitato la ritenuta di rivalsa, né ha assolto il debito nei confronti dello Stato: l'eventuale accertamento deve essere intestato esclusivamente al sostituto, poiché i relativi obblighi sono posti solamente a suo carico. Poiché il sostituito è obbligato in solido con il sostituto per il pagamento delle imposte dovute, e gli può intervenire nella procedura di posizione del tributo è il processo contro. È onere del sostituto informare il sostituito dell'avvenuta notificazione dell'imposizione, così da consentirgli l'esercizio delle facoltà di intervento, pena la perdita del diritto di rivalsa nei suoi confronti. Il titolo esecutivo che verrà a formarsi al termine del procedimento sarà punibile a sostituto e ha sostituito;

c) il sostituto ha esercitato preventivamente la ritenuta di rivalsa e ha assolto il debito nei confronti dell'erario: il rapporto tributario è da considerarsi esaurito;

d) il sostituto ha esercitato preventivamente la ritenuta di rivalsa ma non ha assolto il debito nei confronti dello Stato: le conseguenze di tale inadempimento ricadono solo sul sostituto (il rapporto sostituito-erario deve ritenersi esaurito, avendo il sostituito effettivamente subito il prelievo mediante ritenuta).

La pseudo-sostituzione parziale con rivalsa obbligatoria (ritenuta d'acconto).

In presenza di determinati presupposti la legge impone al debitore di una somma l'obbligo di operare una ritenuta e di versarne l'importo all'erario a titolo di acconto dell'imposta, che sarà eventualmente dovuta dal creditore: si parla in tal caso di ritenuta d'acconto, che non è una forma di sostituzione.

Essa realizza una forma di prelievo anticipato rispetto alla nascita dell'obbligazione tributaria: il prelievo infatti ha luogo prima della chiusura del periodo d'imposta, in un momento assai prossimo a quello in cui il reddito viene conseguito. Tra gli esempi, si possono citare le ritenute d'acconto che le imprese commerciali, individuali e collettive, devono effettuare sulle retribuzioni corrisposte ai dipendenti e sui corrispettivi per prestazioni di lavoro autonomo.

Mentre nella sostituzione totale obbligatoria non è concepibile un rapporto diretto tra sostituito e lo stato, nella ritenuta d'acconto, al rapporto tra Stato e il soggetto obbligato si affianca sempre quello tra Stato e il soggetto che subisce la ritenuta.

a) Rapporto tra contribuente Stato: l'esecuzione della ritenuta fa sorgere in capo a chi lo subisce e riceve la relativa certificazione documentale,un credito nei confronti dell'ente pubblico di importo pari alle ritenuta subita. Il diritto alla detrazione della ritenuta rimane fermo anche se la ritenuta viene operata ma non versata. Se la ritenuta non è stata operata, il soggetto passivo dell'obbligazione tributaria deve esporre nella propria dichiarazione la somma percepita, ma non può scomputare dall'imposta dovuta sul reddito complessivo l'importo corrispondente alla ritenuta.

Nell'ambito della ritenuta d'acconto, la rivalsa (da esercitarsi mediante ritenuta o in altro modo) è sottoposta ad un termine di decadenza costituito dalla scadenza del termine entro il quale il sostituito deve presentare la dichiarazione nella quale era incluso il provento soggetto a ritenuta.

b) Rapporto tra soggetto obbligato alla ritenuta e Stato: il soggetto obbligato alla ritenuta diviene debitore del relativo importo nei confronti dell'erario solo nel momento in cui effettua la ritenuta sulle somme corrisposte al creditore. La violazione dell'obbligo di ritenuta comporta l'applicazione delle sanzioni amministrative ad essa connesse, ma non determina l'obbligo di corrispondere l'acconto, poiché non è stata operata alcuna ritenuta (prelievo) in nome e per conto dell'erario.

Il successore.

Anche con riferimento alle obbligazioni tributarie vale il principio civilistico secondo cui gli eredi subentrano in tutte le situazioni attive e passive che facevano capo al de cuius.

Per le imposte sui redditi il legislatore deroga al principio civilistico della divisibilità dell'obbligazione in campo agli eredi del debitore(art 752 c.c.), disponendo che gli eredi rispondono in solido delle obbligazioni tributarie il cui presupposto si è verificato anteriormente alla morte del dante causa(art. 65 del d.p.r. n 600/1973). Il legislatore dispone che tutti i termini pendenti alla data della morte del contribuente o scadenti entro quattro mesi da essa (compreso il termine per la presentazione della dichiarazione e quello per ricorrere contro l'accertamento) sono prorogati di sei mesi in favore degli eredi.

In materia di IVA, il legislatore dispone a favore degli eredi una deroga dei termini per l'espletamento degli obblighi relativi all'Iva scaduti non oltre sei mesi prima della data della morte del contribuente fino a tre mesi dopo tale data. Gli obblighi ai fini IVA scadenti dopo la morte del de cuius restano invece invariati in capo agli eredi per le operazioni dai medesimi compiute, anche ai fini della liquidazione dell'azienda.

Per le imposte diverse da quelle sul reddito e dal IVA, devono applicarsi le norme del codice civile.

Il rappresentante negoziale e il rappresentante legale.

Sia il rappresentante negoziale che il rappresentante legale possano porre in essere operazioni rilevanti per il diritto tributario, per conto del soggetto rappresentato. L'obbligazione di imposta sorge solo ed esclusivamente in capo al soggetto rappresentato in virtù dei principi sanciti dal codice civile.

Il rappresentante fiscale.

Il rappresentante fiscale è una figura attinente i soggetti non residenti che realizzano in Italia fatti o

situazioni rilevanti rispetto alle imposte sul reddito o sull'Iva. L'obbligazione di imposta resta in capo al soggetto rappresentato, ma il rappresentante fiscale risponde in solido con il rappresentato nell'ipotesi di l'osservanza degli obblighi che gli derivano dalla legge.

Il domicilio fiscale.

Tutti gli atti, i contratti, le dichiarazioni che hanno rilevanza fiscale devono recare l'indicazione del comune di domicilio fiscale..

Le persone fisiche residenti nel territorio lo Stato hanno il domicilio fiscale nel comune nella cui anagrafe sono iscritte.

Quelle non residenti hanno domicilio fiscale nel comune in cui si è prodotto il reddito.

I cittadini italiani che risiedono all'estero in forza di un rapporto di servizio con la pubblica amministrazione hanno il domicilio nel comune di ultima residenza dello Stato.

Le persone giuridiche hanno il domicilio fiscale nel comune in cui si trova la loro sede legale o, in mancanza, la sede amministrativa oppure nella sede in cui esercitano prevalentemente la loro attività.

L'amministrazione finanziaria può stabilire il domicilio fiscale del soggetto in deroga ai criteri appena menzionati, facendo riferimento al comune dove il soggetto svolge in modo continuativo la principale attività e ,se trattasi di società, nel comune ove è stabilita la sede amministrativa.

Capitolo XI. Gli effetti.

Il tributo come obbligazione pecuniaria. Delucidazioni sulla natura pubblicistica dell'obbligazione di imposta.

L'obbligazione di imposta si risolve in una prestazione normalmente pecuniaria e presenta i caratteri delle obbligazioni disciplinati in generale sotto il titolo primo del libro quarto del codice civile. Sotto il profilo della funzione, si tratta di un'obbligazione che ha come fine la ripartizione dei carichi comuni.

Nonostante la caratterizzazione dell'imposta come un'obbligazione pecuniaria, non possiamo ritenere che ,nell'imposta,il rapporto creditore-debitore sia regolato come l'omologo istituto di diritto privato.

Infatti, in diritto tributario al rapporto contribuente fisco, si affianca il rapporto tra contribuenti, che si risolve nella pretesa di ciascuno ad un equo riparto del carico pubblico complessivo, e a non subire un concorso alla spesa pubblica superiore alla propria capacità contributiva, comparativamente a quella di tutti gli altri soggetti che devono partecipare al concorso medesimo. Solo avendo ben chiaro questo carattere essenziale dell'obbligazione tributaria è possibile comprendere i cosiddetti fenomeni di indisponibilità o irrinunciabilità del credito d'imposta: in diritto privato il creditore può sempre rinunciare al credito, il fisco non può farlo perché è titolare di un credito che rappresenta una quota,una percentuale.

Il problema dell'applicabilità dell'istituto della compensazione civilistica alle obbligazioni tributarie.

La compensazione è disciplinata dal codice civile agli art 1241 e segg.Tale disciplina si è senmpre ritenuta inapplicabile al diritto tributario.

L' art 8 dello Statuto dei diritti del contribuente prevede la possibilità di estinguere l'obbligazione tributaria mediante compensazione. Si tratta di una compensazione più ampia di quella disciplinata dal codice civile: il sistema è unitario e , se si rifiuta la concezione autonomistica di rapporti di imposta e si considerano i singoli tributi come interdipendente applicazioni di un'unica pubblica contribuzione allora è evidente che non sussiste alcun ostacolo alla compensazione tra crediti e debiti facenti capo da una parte ad un determinato contribuente e dall'altra a diversi enti pubblici (Stato, regione, l'ente locale…) come sancisce l'articolo 8 dello Statuto.

Obbligazione tributaria e codice civile.Cenno alla indisponibilità del credito fiscale.

L'imposta è uno strumento per il giusto riparto delle spese comuni.

Relativamente a ciò è bene ricordare altri istituti:

a)solidarietà:la solidarietà passiva tributaria deve essere ricostruita in guisa tale da soddisfare il principio del giusto riparto che si identifica con la determinazione unitaria dell'imposta dovuta a titolo di tributo nei confronti di tutti i condebitori;

b)compensazione:opera in campo tributario solo se espressamente utilizzato dal legislatore;

c)prescrizione:art 2946 c.c. ha ad oggetto l'estinzione di un diritto;

d)decadenza:ha ad oggetto l'estinzione di un potere ovvero di una situazione soggettiva dinamica.Il sistema dei termini di decadenza può riguardare l'amministrazione finanziaria in relazione ai poteri di accertamento, riscossione o sanzionatorio oppure il contribuente relativamente al potere di chiedere il rimborso dell'indebito;

e)divieto di rinunce, transazioni,atti dispositivi sul credito tributario:le rinunce al credito tributario,le transazioni che alterano l'an e il quantum debeatur da ciascun debitore d'imposta e , in generale, qualunque atto dispositivo dell'obbligazione tributaria sono illegittimi perché trovano due limiti : artt. 2,3,53 costituzione e il diritto comunitario.

Eccezionali ipotesi di tributo come obbligazione facoltativamente non pecuniaria.

L'obbligazione di imposta, pur sorgendo originariamente quale obbligazione pecuniaria, può in casi

eccezionali essere assolta dal contribuente con la razione di beni diversi dal denaro.

Ci troviamo nella categoria delle obbligazioni facoltative,quelle la cui prestazione è originariamente unica, ma della quale il debitore si può liberare prestando altra cosa (ad esempio il

pagamento del debito d'imposta di successione e donazione e delle imposte sui redditi può essere effettuata mediante l'azione di beni culturali).

L'imposta principale, complementare, suppletiva.

Il legislatore definisce come principale l'imposta liquidata all'atto della registrazione(nel caso di imposta di registro) o della presentazione della denuncia;suppletiva l'imposta successivamente applicata quando è diretta a correggere errori od omissioni commessi dall'Ufficio in sede di liquidazione dell'imposta principale;complementare è l'imposta richiesta successivamente a quella principale, in ogni caso diverso da quello in cui ricorre l'ipotesi dell'imposta suppletiva.

Versamenti provvisori e obbligazioni definitive.

Una fondamentale distinzione tra obbligazioni di imposta è rappresentata dalla bipartizione delle stesse in obbligazioni definitive e provvisorie.

Un'obbligazione è definitiva quando si basa su un atto di imposizione divenuto definitivo (per mancata

impugnazione o perché la sentenza intervenuta nel giudizio d'impugnazione è passata in giudicato) e sulla dichiarazione annuale divenuta anch'essa intangibile. Tutte le altre obbligazioni sono provvisorie.

Sono quindi obbligazioni provvisorie:

a) quelle che sorgono da una dichiarazione del contribuente finché non è decorso il termine di

decadenza entro cui egli può rettificare il dichiarato;

b) quelle che sorgono per effetto del sistema della riscossione parziale e provvisoria del credito d'imposta in pendenza del giudizio davanti le commissioni tributarie a seguito del ricorso del contribuente;

c) i versamenti d'acconto del Irpef;

d) gli acconti mensili o trimestrali dell'IVA;

e) le ritenute d'acconto ai fini delle imposte reddituali;

f) le eccedenze di credito;

g) i crediti d'imposta sui dividendi.

I rapporti interni.

Il diritto di rivalsa spetta, oltre nei casi espressamente previsti,anche nelle ipotesi in cui qualunque terzo paga il tributo per un presupposto di fatto del tributo facente capo ad altri.Vi è che continua a reputare come extra tributario il rapporto giuridico di rivalsa,mala discussione di questa questione è inutile.

Capitolo XII. Le cautele patrimoniali del credito tributario e il rimborso.

La nozione di cautela patrimoniale.

Le cautele patrimoniali sono misure di natura patrimoniale volte a garantire il soddisfacimento dei crediti tributari e il pagamento delle sanzioni pecuniarie; esse incrementano alla possibilità di soddisfacimento del credito vantato dal fisco nei confronti del contribuente. Il legislatore realizza questi obiettivi con vari strumenti: privilegi generali, privilegi speciali, diritti reali di

garanzia (pegno ipoteca), diritti personali di garanzia (fideiussioni, solidarietà pendente limitata,...

In questa sede tratterremo delle garanzie che assistono :il credito tributario; le dilazioni accordate

all'esazione del credito tributario, diverse da quelle ordinariamente previste; il rimborso dell'imposta

effettuato immediatamente all'atto della presentazione della dichiarazione e se fondato, dunque, sulla

dichiarazione del contribuente non controllata dall'Ufficio.

I privilegi.

La più importante e frequente forma di garanzia patrimoniale dei crediti tributari è quella realizzata

mediante l'istituto di privilegi che, a norma dell'articolo 2746 codice civile, si distinguono in generali e

speciali.

I privilegi generali costituiscono una causa legittima di prelazione che può essere esercitata su tutti i beni mobili del debitore.

I privilegi speciali possono avere ad oggetto specificamente sia beni mobili che beni immobili e

attribuiscono al creditore il diritto di sequela, il diritto cioè di essere soddisfatto prioritariamente in ipotesi di esecuzione forzata sul bene gravato da privilegio anche qualora questo sia passato in proprietà di terzi.

La legge 426 del 1975 ha riformato gli articoli 2752, 2758, 2759, 2771 e 2772 del codice civile in materia di privilegi ed ha adeguato la vecchia disciplina al nuovo sistema impositivo delineato dalla riforma tributaria.

Il sequestro conservativo mobiliare e ipoteca immobiliare a garanzia dei crediti tributari.

Il decreto legislativo 472 del 1997 disciplina gli istituti del sequestro conservativo mobiliare e dell'ipoteca immobiliare a garanzia dei crediti tributari.

L'adozione della misura cautelare richiede la presenza, antecedente o immediatamente successiva (massimo 120 giorni) di un atto di contestazione della violazione o di irrogazione della sanzione, ossia di uno dei due atti tipici indispensabili per avviare il procedimento applicativo della sanzione pecuniaria.

Quanto ai presupposti oggettivi per la concessione è necessario il periculum in mora(fondato timore di perdere la garanzia del proprio credito) ; per quanto riguarda il fumus boni iuris(la verosimile fondatezza della pretesa creditoria del fisco)è prevista ed imposta un'articolata forma di contraddittorio preventivo scandito nelle seguenti fasi:

1. il procedimento è avviato da un'istanza motivata dell'ufficio richiedente del Presidente della

Commissione provinciale, da notificare alle parti interessate;

2. le parti, entro i successivi 20 giorni, possono depositare memorie e documenti difensivi;

3. l'istanza è trattata in camera di consiglio, presenti le parti.

Le decisioni sono adottate con sentenza.

I provvedimenti cautelari, adottati sulla base del mero processo verbale di constatazione, perdono efficacia se entro 120 giorni ,al verbale non fa seguito l'atto di contestazione della violazione o di irrogazione della sanzione.

Inoltre, anche la sentenza di primo grado, favorevole al contribuente,è titolo per la cancellazione totale o parziale delle cautele adottate.

L'iscrizione provvisoria, per fondato pericolo, dell'intero ammontare del credito tributario contestato.

Ai sensi dell'ultimo comma dell'art 11 del d.p.r. n 602/1973, in presenza di una situazione di effettiva probabilità di mancata riscossione dei crediti erariali per imposte sul reddito,la legge consente la riscossione di siffatti crediti nel loro integrale importo,nonostante la pendenza di un procedimento avanti le commissioni tributarie.L'istituto si applica solo ai crediti erariali relativi alle imposte.

Altri istituti con funzione cautelare in materia di imposte reddituali, di imposte in genere e di sanzioni penali.

L'art 66 del d.p.r. 602/1973 prevede, per il caso di cessione di aziende, il potere dell'esattore di procedere al pignoramento dei beni mobili e delle merci relative alle aziende medesime per il recupero dell'irpef,dell'irpeg e dell'ilor e relative sopratasse,pene pecuniarie e interessi dovuti, per l'anno o l'esercizio in cui è avvenuta la cessione e per quello anteriore, da tutti i precedenti titolari quando alla formazione degli imponibili nei loro confronti hanno concorso redditi derivanti dall'azienda.Con riferimento all'irpef e irpeg tale pignoramento è limitato al debito di imposta proporzionalmente imputabile al reddito d'impresa.

L'art 80 del decreto prevede il potere dell'esattore di procedere esecutivamente sull'immobile che costituisce bene strumentale per l'azienda per il recupero dell'irpef,irpeg..

L'articolo 36 d.p.r. 602/1973 sancisce una responsabilità di natura sanzionatoria in capo ai liquidatori degli enti soggetti al Irpeg che non abbiano adempiuto l'obbligo di pagare, con le attività delle liquidazioni, le imposte dovute per il periodo della liquidazione medesima, e per quelli anteriori, qualora tale adempimento sia dipeso da un loro illecito comportamento consistente nel soddisfacimento di crediti di ordine inferiore a quelli tributari o nelle assegnazioni di beni a soci o associati senza preventiva soddisfazione di crediti tributari. Questa responsabilità si applica anche agli amministratori che di fatto abbiano compiuto attività di liquidazione, nonché ai soci e agli associati che abbiano illegittimamente percepito denaro o beni dalla società prima del soddisfacimento dei crediti in parola.

Ricordiamo in questa sede, per analogia di presupposti, la responsabilità prevista in capo al cessionario per imposte ed accessori afferenti l'azienda nell'anno di cessione e nel biennio precedente, così come disciplinata dall'articolo 14 del decreto delegato 472 del 1997:

a) si tratta di una responsabilità sussidiaria, in quanto prevista a favore del cessionario il beneficio della preventiva discussione del cedente;

b) la responsabilità è circoscritta entro i limiti del valore dell'azienda o del ramo d'azienda ceduti;

c) l'obbligazione del cessionario è circoscritta all'ammontare dei debiti risultanti, alla data del trasferimento, dal certificato (che gli interessati possono chiedere agli uffici dell'amministrazione finanziaria erariale e a tutti gli enti preposti all'accertamento dei tributi di loro competenza)sull'esistenza di contestazioni in corso e di quelle già definite con le quali i debiti non sono ancora soddisfatti. Il certificato, se negativo, ha effetto liberatorio; il cessionario è altresì liberato se il certificato non è stato rilasciato entro 40 giorni dalla richiesta.

Tutte le suddette limitazioni quantitative e temporali vengono meno se la cessione dell'azienda sia stata attuata in frode dei crediti tributari. La frode deve essere provata dal fisco, ma in caso di cessione d'azienda effettuata entro sei mesi dalla constatazione di una violazione penalmente rilevante, l'onere della prova si inverte e la frode si presume (presunzione legale relativa). Infine l'articolo 15 del decreto 472 del 1997, in ipotesi di scissioni anche parziale, contempla l'insorgere di un'obbligazione solidale paritaria in capo ciascuna società od ente nel pagamento delle somme dovute per violazioni commesse anteriormente alla data dalla quale la scissione produce l'effetto.

Le cautele delle imposte doganali e di fabbricazione.

Il Testo Unico delle imposte doganali prevede il rilascio, da parte del contribuente, di una polizza

fideiussoria a garanzia del pagamento di somme dovute alla dogana. Tale cauzione può essere prestata

tramite il deposito o tramite fideiussione rilasciata da un'azienda di credito, o tramite polizza fideiussoria emessa da un istituto di assicurazione accreditato presso l'amministrazione.

Con riferimento all'ipotesi della temporanea importazione(cioè all'ipotesi dell'introduzione nel territorio doganale di merci che debbano essere sottoposte a determinati trattamenti per essere successivamente riesportate), è previsto l'obbligatorio rilascio di una cauzione corrispondente all'ammontare dei diritti doganali che sarebbero dovuti in caso di importazione definitiva.

Anche per le imposte di fabbricazione è previsto il rilascio di una cauzione a garanzia dell'effettivo

pagamento dell'imposta il cui ammontare è commisurato ad una percentuale dell'imposta dovuta in

relazione alla quantità di merci presumibilmente prodotto dal soggetto passivo nel periodo considerato.

Le cautele nel rimborso accelerato dell'Iva.

In materia di IVA, il contribuente può ottenere il rimborso dei crediti d'imposta emergenti dalla

dichiarazione annuale, ancorché tale dichiarazione sia ancora suscettibile di venire rettificata dall'ufficio, purché lo stesso presti "contestualmente l'esecuzione del rimborso e per una durata pari al periodo mancante al termine di decadenza dell'accertamento" un'idonea garanzia.

La garanzia consiste nella consegna all'amministrazione che deve effettuare il rimborso di una polizza

fideiussoria di adeguato importo, ovvero in pegno, di beni reali (titoli di Stato o garantiti loro stato, al valore della borsa).

Possono prestare garanzia fideiussoria soggetti quali banche, assicurazioni, consorzi o cooperative di

garanzia collettiva fidi; eccezionalmente, anche una qualsiasi impresa commerciale può dare fideiussione sempre che, a giudizio dell'amministrazione finanziaria, offra adeguate garanzie di solvibilità.

Facilitazioni sono previste per i cosiddetti grandi gruppi (bilancio consolidato con un patrimonio netto

superiore ai 500 miliardi): in essi la garanzia fideiussoria può essere concessa dalla società capogruppo. In ipotesi eccezionali in cui può ritenersi normale il costante formarsi, in capo al contribuente, di crediti di imposta che gli debbono essere restituiti, egli può ottenere il rimborso anche in relazione a periodi inferiori all'anno, sempre prestando le garanzie indicate. Se successivamente al rimborso viene notificato avviso di rettifica o di accertamento, il contribuente può evitare il versamento immediato dell'integrale importo rimborsato (e degli interessi) prestando le medesime garanzie di cui sopra fino a quando l'accertamento sia divenuto definitivo.

Sospensione dei rimborsi.

Il fermo amministrativo, indicato come sospensione dei rimborsi dal d.p.r. 472 del 1997, è una misura

cautelare di autotutela volta a garantire i diritti dell'amministrazione debitrice e diretta legittimare la

sospensione del pagamento di un debito liquido ed esigibile da parte dello Stato a salvaguardia

dell'eventuale compensazione legale di un credito dello Stato anche se non ancora liquido ed esigibile.

L'amministrazione deve però dimostrare una ragionevole apparenza e fondatezza della pretesa vantata. La sospensione dei rimborsi è sottoporta a diversi presupposti e limiti:

- il credito tributario deve risultare da atto di contestazione o di irrogazione di notificati, anche se non definitivi;

- la sospensione opera nei limiti della somma risultante dall'atto o dalla decisione della commissione;

- il provvedimento di sospensione deve essere notificato all'autore della violazione e ai soggetti

coobbligati in solido;

- in presenza di un provvedimento che rende definitivo il credito tributario, l'ufficio competente per il rimborso emette provvedimento compensativo di credito erariale e debito per rimborso;

- anche il provvedimento compensativo va notificato gli interessati;

- l'autore della violazione e i soggetti obbligati in solido possono impugnare i provvedimenti sub 3 e 4 davanti al giudice tributario speciale o al giudice ordinario cui spetta il potere di sospendere

temporaneamente l'efficacia del fermo.

L'iscrizione d'ipoteca e il fermo di mobili registrati.

Trascorsi inutilmente 60 giorni dalla notifica della cartella di pagamento, e se nel frattempo non è richiesta la sospensione dell'azione del pagamento, il ruolo costituisce titolo per iscrivere ipoteca sugli immobili del debitore e dei soggetti coobbligati. L'ipoteca può essere iscritta per un importo pari al doppio del complessivo importo del debito per cui si procede. Il concessionario prima di procedere all'esecuzione deve necessariamente iscrivere ipoteca dell'importo del credito per cui si procede non supera il 5% del valore dell'immobile da sottoporre all'espropriazione. Se entro sei mesi dall'iscrizione dell'ipoteca il debito non è estinto, sarà possibile procedere all'espropriazione.

Analoga disciplina è prevista per i beni mobili iscritti in pubblici registri di proprietà del debitore o dei

soggetti con lo stesso coobbligati.

Sospensione dei pagamenti.

L'articolo 2 della legge 286 del 2006 ha introdotto alcune misure volte ad assicurare un esito favorevole all'azione esecutiva per la riscossione del credito erariale. In primo luogo ha introdotto per le amministrazioni pubbliche e per le società a prevalente partecipazione pubblica l'obbligo di verificare, prima di effettuare a qualunque titolo il pagamento di importi superiori ai

10.000 euro se il beneficiario sia inadempiente rispetto a cartelle di pagamento per un ammontare complessivo pari almeno a tale importo, imponendo in tal caso il divieto di procedere al pagamento e l'obbligo di segnalare la circostanza all'agente della riscossione competente per territorio, ai fini della riscossione delle somme iscritte a ruolo.

CAPITOLO XIII. SOGGETTI E ORGANI DELL'APPLICAZIONE.

L'ausilio dei professionisti, i centri autorizzati di assistenza fiscale e l'assistenza di fronte agli uffici e alle commissioni tributarie.

Per il contribuente è difficile gestire personalmente i numerosi adempimenti necessari per mantenere in regola la propria posizione nei confronti del fisco, per tanto spesso si ricorre a professionisti (ragionieri, commercialisti) che aggiornano la contabilità e predispongono le varie dichiarazioni da presentare nel corso dell'anno versandone i relativi acconti e saldi. Tale attività di supporto e consulenza può comportare anche la responsabilità civile e penale del professionista: egli è responsabile civilmente verso il cliente quando per effetto di una condotta gravemente colposa o dolosa l'assistito subisca accertamenti d'imposta e/o irrogazione di sanzioni amministrative tributarie.

Il legislatore, per soddisfare l'esigenza delle associazioni sindacali di categoria degli imprenditori e dei

lavoratori dipendenti di avvalersi dell'assistenza di esperti nell'attuazione della norma tributaria da presentare in forma mutualistica, ha istituito i centri autorizzati di assistenza fiscale (caf) e li ha sottoposti a controlli pubblicistici.

I C.a.f. dell'associazione degli imprenditori (caf imprese)sono centri che svolgono funzioni di supporto nella tenuta della contabilità e nella predisposizione delle dichiarazioni annuali; i C.a.f delle associazioni tra dipendenti o pensionati, o tra sostituti d'imposta che corrispondono redditi da lavoro dipendente, normalmente svolgono per conto degli utenti medesimi attività sostitutive dell'obbligo di presentazione della dichiarazione dei redditi. Per legge è prevista la responsabilità dei C.a.f.

L'attività di assistenza e rappresentanza dei contribuenti di fronte agli uffici finanziari non è soggetta a

particolari restrizioni né subordinata all'iscrizione del rappresentante in appositi Albi o elenchi: la legge richiede solo che il contribuente sia rappresentato da un procuratore generale o speciale.

I **soggetti e gli organi: A) l'amministrazione finanziaria: a) il ministero dell'economia delle finanze.**

Per quanto riguarda i soggetti di parte pubblica chiamati a curare l'applicazione delle norme tributarie, da un lato troviamo l'amministrazione finanziaria dello Stato, titolare della potestà di applicazione delle norme tributarie; dall'altro i soggetti e gli organi delegati da questa, ovvero ausiliari della stessa che la coadiuvano udivano nello svolgimento della propria attività.

L'amministrazione finanziaria è un complesso apparato articolato in un'organizzazione centrale e uffici periferici che ha subito una profonda ristrutturazione con l'emanazione del decreto legislativo 300 del 1999 e dei relativi decreti di attuazione.

La nuova riforma ha provocato modifiche organizzative soprattutto nell'amministrazione centrale: è stato creato il ministero dell'economia delle finanze che ha accorpato gli anteriori ministeri delle finanze del Tesoro e ha competenza in materia di politica economica, politica finanziaria, bilancio e fisco.

Egli svolge attività di indirizzo, vigilanza, controllo e coordinamento nei confronti delle agenzie fiscali, nel rispetto dell'autonomia gestionale ad esse attribuita.

b) Le agenzie.

Le quattro agenti fiscali, operative dal 1 gennaio 2001, sono dotate di un proprio statuto e hanno personalità giuridica di diritto pubblico. È stata loro riconosciuta un'ampia autonomia organizzativa, regolamentare, amministrativa, patrimoniale contabile e di bilancio. Esse devono operare secondo principi di legalità,

imparzialità e trasparenza, con criteri di efficienza, economicità ed efficacia nel perseguimento degli

obiettivi. Sono sottoposte al controllo della corte dei conti. Le regioni e gli enti locali possono attribuire loro la gestione delle proprie funzioni.

Le agenzie fiscali sono:

- agenzia delle entrate- si occupa della maggior parte dei tributi e ha il compito di perseguire il massimo livello di adempimento degli obblighi fiscali attraverso l'assistenza ai contribuenti e i controlli rivolti a contrastare gli inadempimenti e l'evasione fiscale. I suoi compiti riguardano l'amministrazione, la riscossione e la gestione del contenzioso inerente alle imposte dirette, all'Iva e a tutte le altre entrate non rientranti nella sfera di competenza degli altri enti o agenzie;
- agenzia delle dogane- articolata in compartimenti doganali, è competente per quanto concerne l'amministrazione, la riscossione e il contenzioso relativo ai diritti doganali e la fiscalità connessa agli scambi internazionali e alle accise sulla produzione e sui consumi. Gestisce i laboratori doganali di analisi e può anche offrire sul mercato i propri servizi;
- agenzia del territorio- esercita compiti relativi ai servizi catastali e alle Conservatorie dei registri

immobiliari;

- agenzia del demanio si occupa dell'amministrazione e della manutenzione dei beni immobiliari dello

Stato.

Segue: l'agenzia delle entrate.

L'agenzia delle entrate ha degli uffici centrali che predispongono la modulistica, coordinano l'acquisizione e la gestione di molte informazioni ed hanno compiti di direzione e coordinamento dell'attività degli uffici periferici. L'ufficio delle entrate si divide in un'area di controllo ed una di servizi al contribuente.

Gli uffici periferici non hanno contatti diretti con quelli centrali, ma con la direzione regionale delle entrate che è un organo intermedio confluito anch'esso nell'agenzia.

La direzione regionale sovraintende all'applicazione di tutti i tributi di competenza dell'agenzia, rilascia pareri e visti relativi a singole pratiche, svolge il ruolo di organo consultivo e di coordinamento degli uffici periferici da essa dipendenti.

Il servizio consultivo e ispettivo tributario(SECIT).

Il SECIT è stato istituito nel 1980 ed è organo ispettivo alle dirette dipendenze del ministro, autonomo

rispetto alla burocrazia ministeriale. Si occupa di studi economico giuridici e assiste il ministero, non

occupandosi delle agenzie, che non sono più soggette al suo controllo (come invece avveniva in passato).In passato doveva controllare l'attività degli uffici periferici e le verifiche eseguite dalla guardi a di finanza.

Gli organi dell'amministrazione finanziaria: il concessionario del servizio di riscossione: la nascita di Equitalia S.p.a.

Lo Stato, per riscuotere il credito tributario, si avvale del concessionario del servizio di riscossione. Questo, oltre ad essere legittimato a ricevere i versamenti diretti delle principali imposte (imposte sul reddito, IVA), in ipotesi di omesso adempimento spontaneo, provvede a riscuotere coattivamente, sulla base di un ruolo appositamente confezionato, le imposte sul reddito, le imposte indirette sugli affari, i tributi locali, nonché i proventi e i relativi accessori derivanti dall'utilizzazione dei beni del demanio e del patrimonio indisponibile dello Stato. La concessione del servizio di riscossione può essere conferita: a)alle aziende ed istituti di credito, nonché alle casse rurali ed artigianali con patrimonio non inferiore ad Lit 1 miliardo; b) alle speciali sezioni autonome dei predetti istituti e aziende di credito; c) alle società per azioni regolarmente costituite, con sede in Italia e con capitale interamente versato non inferiore a 1 miliardo di lire.

A fronte della sua funzione, il concessionario riceve un compenso determinato con decreto ministeriale, il cui onere è ripartito tra lo Stato e i contribuenti.

Il concessionario per effetto della consegna dei ruoli a questa solamente la legittimazione a dirigere

l'adempimento del credito.

Una riforma radicale si è avuta con il D.L. 203 del 2005 che prevede che "le funzioni attualmente svolte

dalle società concessionarie del servizio di riscossione siano trasferite all'agenzia delle entrate, che le

eserciterà mediante la società Riscossione S.p.a.(ora Equitalia S.p.a.), già costituita dalla stessa agenzia, con una partecipazione al capitale del 51%, e dall'istituto nazionale della previdenza sociale (Inps), con una partecipazione del 49%".

CAPITOLO XIV. LA POTESTÀ DI APPLICAZIONE DELLA NORMA TRIBUTARIA E LA POTESTÀ DIINDIRIZZO.

La potestà di attuazione del prelievo tributario e la sua complessità. Tipologia delle distinte ed autonome

potestà che concorrono all'attuazione del prelievo.

La potestà di accertamento tributario è demandata agli organi dei vari enti impositori deputati

all'applicazione della norma tributaria e allo scopo:

a) ora di determinare previamente se e quanto il soggetto passivo deve pagare a titolo di tributo;

b) ora di controllare se il soggetto passivo abbia correttamente adempiuto ai suoi doveri, formali o sostanziali, chiamandolo o costringendolo, nel caso di violazione di quei doveri, a subire il prelievo secondo le reali dimensioni del presupposto e della base imponibile a lui ascrivibili e irrogandogli le relative sanzioni o riferendone all'autorità giudiziaria gli illeciti costituenti reato.

La potestà può quindi esercitarsi:

a)indifferentemente in via preventiva o successiva rispetto rispetto alla concreta attuazione del prelievo;

b)anche senza il compimento di atti amministrativi di imposizioni e/o di contestazione di illeciti quando, ad esempio, a mezzo di controllo compiuto, l'Ufficio appuri che il contribuente ha osservato tutti i doveri di legge;

La potestà di applicazione della norma tributaria ha carattere complesso in quanto consiste in un fascio di cinque potestà ben distinte e distinguibili:

a) potestà di imposizione o accertamento in senso stretto: si applica mediante l'emanazione di atti

provenienti dal contribuente, a mezzo dei quali egli determina l'imponibile e/o liquida e versa

l'imposta (auto imposizione), oppure mediante atti amministrativi con cui l'amministrazione

finanziaria accerta autoritativamente gli imponibili e imposte a carico del contribuente;

b) potestà di polizia tributaria: si estrinseca attraverso lo svolgimento di operazioni materiali e la

formazione di atti istruttori diretti ad appurare a provare fatti costituenti reato o illecito

amministrativo o evasione tributaria;

c) potestà sanzionatoria tributaria: si concreta nell'emanazione di atti amministrativi di irrogazione di

sanzioni amministrative (normalmente pecuniarie) e a fronte delle trasgressioni alla legge tributaria;

d) potestà di riscossione: si estrinseca in una serie di atti svolti all'incasso di tributi e sanzioni. Titolari

del potere di incassare il tributo sono le banche, le tesorerie, i concessionari della riscossione;

e) potestà di indirizzo.

La potestà di indirizzo e gli atti con cui si esercita: gli atti amministrativi.

L'attività di indirizzo mira ad assicurare l'imparzialità e l'uniformità dell'azione amministrativa allo scopo

di garantire il buon funzionamento dell'apparato amministrativo e la più efficiente utilizzazione delle

relative risorse umane e materiali. La potestà d'indirizzo si esprime attraverso atti che dispiegano i loro effetti all'interno della P.A. ed ha come presupposto il rapporto gerarchico che intercorre tra gli organi dei vari livelli territoriali.

L'attività di indirizzo si sostanzia nelle direttive con cui gli uffici centrali orientano l'attività di quelli

periferici.

Gli atti tipici espressione dell'attività di indirizzo sono circolari, note e risoluzioni ministeriali. Tuttavia,gli atti di indirizzo possono assumere anche forma regolamentare (decreto ministeriale o decreto governativo).

Gli atti di indirizzo in senso proprio.

Appartengono alla categoria degli atti di indirizzo in senso proprio innanzitutto le **circolari ministeriali**, che per mano dall'amministrazione centrale, sono indirizzate a tutti gli uffici periferici e vengono emanate generalmente in concomitanza alla pubblicazione di nuove leggi tributarie, al fine di garantire l'uniforme applicazione e l'interpretazione in tutto il paese.

Esse non hanno necessariamente natura interpretativa, potendo avere ad oggetto le modalità di esercizio dei poteri di controllo, accertamento e riscossione, come pure la soluzione di problemi concernenti l'organizzazione di tutti gli uffici variamente dislocati sul territorio.

Anche **le note e le risoluzioni** sono atti di indirizzo in senso proprio. essi sono atti diretti a singoli uffici, tramite cui l'amministrazione centrale impartisce istruzioni per la soluzione di specifiche questioni.

In riferimento a note e risoluzioni ministeriali, esse producono i loro effetti soltanto nei confronti dell'ufficio cui sono indirizzate, e unicamente nel caso di specie ha analizzato, anche se, in base al principio costituzionale dell'imparzialità amministrativa, finiscono con l'assumere una indiretta rilevanza di carattere generale anche per gli altri uffici e per i casi analoghi.

Gli atti di indirizzo possono assumere la forma del decreto ministeriale del decreto governativo: anche provvedimenti regolamentari possono avere tal contenuto da produrre effetti solo all'interno della pubblica amministrazione ed essere anch'essi finalizzati unicamente allo scopo di assicurare il buon andamento e l'imparzialità dell'amministrazione finanziaria. È quanto accade, ad esempio, per la scelta delle dichiarazioni IVA e reddituali da sottoporre a controllo, o l'individuazione dei soggetti che ne hanno omesso la presentazione. Essendo le capacità operative degli uffici limitate, ci si avvale di criteri selettivi annualmente fissati dal ministero delle finanze con decreto emesso su proposta del comitato di coordinamento del SECIT .

Atti normativi e/o a rilevanza esterna erroneamente inclusi nella categoria degli atti di indirizzo.

Accanto agli atti con funzione di indirizzo e dotati di efficacia interna (atti di indirizzo in senso proprio), troviamo **atti diretti a produrre effetti nei confronti dei contribuenti**, ossia muniti di efficacia esterna.

Tuttavia questi atti non sono atti di indirizzo: non sono volti a garantire il buon andamento dell'imparzialità della pubblica amministrazione e non tendono a risolvere problemi organizzativi interni.

A questa categoria di atti e erroneamente definiti di indirizzo appartengono:

a) i decreti ministeriali con cui vengono classificate per gruppi e specie tutte le attività economiche e sono stabiliti coefficienti di ammortamento rilevanti per la determinazione del reddito d'impresa;

b) i decreti ministeriali di approvazione del cosiddetto redditometro;

c) gli atti di revisione degli estimi catastali.

Segue: gli studi di settore.

Gli studi di settore, da emanarsi con decreto del ministro di finanze, costituiscono uno strumento di determinazione presuntiva del reddito. Essi nascono da una complessa operazione:

a)suddivisione dell'universo di imprese minori e lavoratori autonomi in diversi settori;

b)selezione per ciascun settore di campioni significativi di contribuenti;

c)individuazione di elementi caratterizzanti i campioni di ciascun settore.

Anche gli studi di settore sono atti erroneamente considerati di indirizzo. Essi hanno efficacia vincolante per i contribuenti, sono atti normativi dotati di forza cogente per tutti, ossia producono effetti al di fuori delle gerarchie della P.A.

L'atto di interpello generalizzato (introdotto da uno statuto dei diritti del contribuente) e il ruling(reso dall'amministrazione finanziaria).

Ciascun contribuente può proporre istanze di interpello all'amministrazione finanziaria concernenti l'applicazione delle disposizioni tributarie a casi concreti personali, qualora vi sia obiettiva condizione di incertezza sulla corretta interpretazione le disposizioni stesse.

La risposta dell'amministrazione finanziaria, scritta e motivata, vincola con esclusivo riferimento alla questione oggetto dell'istanza di interpello, il soggetto richiedente e l'amministrazione stessa. Mentre la mancata risposta entro 120 giorni ha valore di silenzio/assenso.

L'attività di interpello non rientra tra quelle di indirizzo in senso stretto.

Atti di indirizzo per la civilizzazione e la trasparenza del rapporto fisco contribuente.

Recentemente, sono stati adottati provvedimenti di indirizzo volti a migliorare il rapporto fisco-contribuente.

Alcuni di questi provvedimenti hanno natura di leggi o atti equiparati e non ricadono perciò nel contesto degli atti di indirizzo; altre volte sono invece regolamenti e circolari, quindi atti di indirizzo in senso proprio.

CAPITOLO XV. LA FATTISPECIE DELL'IMPOSIZIONE(O DELL'ACCERTAMENTO DELL'IMPOSTA).

Sezione I. Caratteri dell'attività di imposizione.

Carattere eventuale dell'intervento dell'ente pubblico e dell'attività ufficiosa di imposizione in tutti i tributi. Scarsa rilevanza dell'imposizione ufficiosa ai fini del gettito.

Nella pressoché totalità dei contributi il modulo attuativo del prelievo si snoda nel modo seguente:

-il presupposto di fatto genera l'obbligo di denuncia;

- l'adempimento dell'obbligo di denuncia genera l'obbligazione tributaria;

- la denuncia è l'atto che impedisce il sorgere del potere di imposizione ufficiosa e l' instaurarsi della relativa sequenza di atti.

Dunque il rapporto tributario può nascere ed estinguersi senza l'intervento del potere di imposizione officiosa e il compimento, da parte dell'ente pubblico, di atti di accertamento dell'imposta

Il prelievo del tributo è affidato all'adempimento del soggetto passivo e, se tale adempimento è esatto, l'attività impositrice è superflua.

RICORDA: L'esatto adempimento della prestazione tributaria da parte del contribuente ed attività d'imposizione officiosa sono entità che si escludono a vicenda: la seconda interviene se manca la prima

Il potere di imposizione scaturisce sempre da un atto di evasione ed esso è volto a costituire a favore della finanza, il titolo per la percezione dell'imposta evasa, se evasione vi sia stata.

Dunque il potere di imposizione è **un potere meramente eventuale, ad iniziativa dell'ufficio, la cui fattispecie costitutiva consiste sempre in un omesso adempimento dell'obbligazione.**

Tale potere ha la funzione di far recuperare quelle quote di tributo la cui esazione discende dall'inadempimento dell'obbligato. **Scendendo nel dettaglio:**

A. Omesso adempimento dell'obbligo di dichiarazione.

Se il soggetto passivo omette di effettuare la dichiarazione cui era obbligato, il mero fatto dell'omissione viene assunto a fattispecie costitutiva del potere di imposizione il cui esercizio tenderà in primis alla constatazione dell'obbligo di dichiarazione e quindi della violazione di tale obbligo da parte dei destinatari; in secondo luogo alla costituzione dell'obbligazione d'imposta non denunciata e alla costituzione di tutte le altre obbligazioni connesse al fatto dell'omessa dichiarazione (sanzioni pecuniarie). La costituzione di queste discenderà dall'esercizio della potestà sanzionatoria.

B. La presentazione di una denuncia intempestiva o inesatta.

La tardività e l'inesattezza sono fonte del potere di imposizione volto alla costituzione dell'obbligazione evasa e ,sussidiariamente, dell'obbligazione sanzionatoria. La funzione di imposizione è conferita dalla legge alla finanza per il recupero di quelle imposte che avrebbero dovuto essere riscosse in base alla dichiarazione dell'obbligato e che non si poterono esigere a causa della riscontrata non veridicità della denuncia quanto alla descrizione degli elementi della fattispecie imponibile.

La dichiarazione è l'atto con cui l'ordinamento consente al soggetto nei cui confronti si sia verificata la fattispecie imponibile di procedere all'autodeterminazione degli elementi della fattispecie e di conseguenza del debito d'imposta. **Ricevuta la dichiarazione, l'ente non può procedere alla**

determinazione autoritaria dell' imponibile, ma ha facoltà di scelta tra le seguenti alternative:

a) può non esercitare alcun controllo di contenuto della denuncia e lasciare decorrere il termine decandenziale per l'esercizio del potere di imposizione: il debito si consolida definitivamente sulla base della denuncia;

b) può esercitare la potestà di polizia, ma questa deve avere ad oggetto il controllo della denuncia (acclarare la completezza e la veridicità di quanto indicato nella denuncia).

La rettifica della dichiarazione è l'atto con cui l'ente impositore, nel caso di riscontrata divergenza tra fattispecie reale e fattispecie dichiarata, procede alla determinazione degli elementi della fattispecie reale e la costituzione di un debito corrispondente,alla differenza tra imposta dovuta sulla base dell'imponibile dichiarato e quella corrispondente all'imponibile accertato.

L'avviso di accertamento è l'atto con cui l'ente impositore, in caso di constatata esistenza di tutti gli elementi costitutivi dell'obbligo di dichiarazione procede alla loro determinazione in sostituzione dell'obbligato inadempiente.

Nel sistema vigente è scarsa l'importanza ai fini del gettito tributario degli atti di imposizione officiosa, in quanto la quasi totalità delle entrate tributarie deriva da atti posti in essere dal solo contribuente. Nella maggior parte dei tributi, la fattispecie dell'accertamento si presenta a composizione variabile, in quanto può risultare costituita da:

-dichiarazione del contribuente;

-avviso d'accertamento d'ufficio;

-avviso d'accertamento d'ufficio in rettifica della dichiarazione inesatta;

Identità di efficacia della dichiarazione dell'obbligato d'imposta e dell'atto di imposizione dell'ufficio.

DEFINIZIONE DEL CONCETTO DI PRESUPPOSTO DI FATTO= l'insieme dei fatti e delle situazioni, qualificati dalla legge e collegati a delle situazioni giuridiche soggettive in base ad un determinato rapporto(anche questo normativamente fissato) che fa nascere in capo ai soggetti tenuti, un obbligo di presentazione della dichiarazione tributaria, di autoliquidazione e versamento del tributo.

Se la presentazione della denuncia è tempestiva ed espone in modo completo e veritiero gli imponibili del periodo d'imposta cui si riferisce il presupposto di fatto, l'obbligazione tributaria si costituisce integralmente sulla base della dichiarazione.

Si parla di dichiarazione come atto di autoimposizione o di autoaccertamento, ossia come atto ad effetti equivalenti a quelli dell'imposizione ufficiosa.

La dichiarazione ha un'efficacia di diritto sostanziale o costitutiva del debito d'imposta pari all'avviso di accertamento, rispetto al quale non si colloca in una posizione subordinata e fervente.

Carattere vincolato e non discrezionale del potere di imposizione ufficiosa e sua irrinunciabilità. Il principio di indisponibilità del credito d'imposta.

La potestà di imposizione officiosa è la potestà regolata dalla legge che tutela l'interesse pubblico alla tempestiva, regolare e perequata percezione delle entrate tributarie occorrenti per finanziare le spese pubbliche: **è una potestà amministrativa vincolata e non discrezionale.**

Il suo esercizio è irrinunciabile da parte dell'ente impositore, nel senso che una volta verificati i fatti previsti dalla legge come presupposti di obblighi e obbligazioni tributarie, l'amministrazione finanziaria non può sottrarsi al dovere di accertare e riscuotere le somme oggetto e le obbligazioni stesse. La rinuncia del potere di imposizione può avere luogo solo in base ad una norma di legge (ad esempio provvedimenti di condono, che però sono incostituzionali per violazione del principio di uguaglianza).

Questa tesi non è contraddetta nemmeno dagli istituti del concordato tributario e della conciliazione giudiziale delle liti tributarie: le scelte sottese al potere di definizione concordataria vengono adottate in una fase del rapporto in cui il credito tributario è incerto sia nella sua esistenza sia nel suo ammontare (quindi parlare di rinuncia al credito o atti di disposizione di esso è errato). Va aggiunto che il potere in questione tende a tutelare al meglio l'interesse erariale al gettito.

Il potere di autotutela dell'ufficio.

L'amministrazione finanziaria ha il potere di annullare o revocare d'ufficio i propri atti viziati per **illegittimità e infondatezza.** Tutti gli atti possono essere annullati e tale possibilità sussiste anche quando siano diventati definitivi.

Con la autotutela viene demolita una duplice roccaforte della concezione egoistica dell'attività dell'amministrazione finanziaria:

a) l'atto di imposizione inoppugnabile non lede il dovere dell'ufficio di annullare l'atto illegittimo o infondato, con i consequenziali effetti restitutori di quanto percepito in forza dell'atto annullato;

b) l'atto di auto accertamento non lede il dovere dell'ufficio di restituire quanto percepito in assenza dei presupposti dell'auto accertamento;

c) viene infranta la barriera della cosa giudicata sicché nonostante la preclusione o il vano esaurimento dei mezzi di impugnazione, permane il potere e il dovere della finanza di restituire la somma percepita, normalmente a rimostranza del privato che si ritenga leso dall'imposizione ingiusta.

L'annullamento o la rinuncia sono impediti solo per motivi sui quali sia intervenuta sentenza passata in

giudicato favorevole all'amministrazione finanziaria.

Sul piano procedimentale, non è necessaria l'istanza del contribuente, anche se di regola sarà lui a richiamare l'attenzione dell'ufficio sui vizi dell'atto. **Sul piano sostanziale**, l'annullamento presuppone la sussistenza non solo dell' illegittimità ma anche di un interesse pubblico alla rimozione dell'atto.

Non vi è alcuna contraddizione nella denominazione di atti di autotutela attribuita a provvedimenti della finanza volti esclusivamente a tutelare il giusto riparto, i quali possono travolgere rapporti normalmente intangibili tra i privati o tra pubblica amministrazione in generale e il privato.

La tutela dell'affidamento (buonafede) del contribuente.

L'amministrazione finanziaria, come ogni altro operatore dell'applicazione, può ricredersi e modificare gli orientamenti interpretativi eventualmente espressi in precedenza, ma ciò non può danneggiare quanti abbiano diligentemente assecondato l'interpretazione ufficiale dell'amministrazione.

Il ravvedimento interpretativo, per sua essenza o connotazione ontologica, non può essere che retroattivo, ma tale retroattività confligge con l'esigenza di prevedibilità del diritto tributario ex art. 53 Cost., nonché con l'articolo 41 costituzione(sull'iniziativa economica privata) che la corte costituzionale ha assunto come fondamento della tutela dell'affidamento(l'imprenditore e chiunque intraprenda un affare avente rilevanza economica effettua le sue scelte basandosi anche sul quadro normativo esistente quale emerge tramite le informazioni dategli dall'autorità e calcolando i relativi costi)..

Tale tutela è disciplinata dallo statuto del contribuente nel seguente modo:

- l'articolo 10 accorda piena tutela all'affidamento e alla buona fede del contribuente sul piano della non sanzionabilità di comportamenti adottati da quest'ultimo in conformità ad indicazioni fornitegli dall'amministrazione;
- lo stesso articolo dispone la non irrogabilità di interessi moratori negli stessi casi.

Tuttavia non appare convincente che l'amministrazione finanziaria non possa rivedere mai, con efficacia retroattiva, le proprie antecedenti prese di posizione interpretative, anche se è palesemente errate. Il dilemma può essere risolto attraverso il principio di buona fede oggettiva: solo nel caso in cui il contribuente sia oggettivamente in buona fede(fondata sull'autorevolezza dell'organo che ha preso posizione sull'interpretazione, persuasività della motivazione, imprevedibilità di un ripensamento...), va tutelato anche contro i ripensamenti interpretativi.

Le patologie degli atti di imposizione officiosa (inesistenza,annullabilità, irregolarità).

A. L'invalidità come inesistenza giuridica dell'atto.

La classe di ipotesi più gravi di invalidità è generalmente designata come inesistenza giuridica. Sul piano dell'efficacia, l'atto inesistente non è sanabile i suoi effetti possono essere sempre rimossi (col solo limite del maturare delle prescrizioni legislative previste).

Sul piano della causa, si possono individuare le seguenti ipotesi di nullità radicale (o inesistenza giuridica) del provvedimento:

- difetto di qualità di organo pubblico del soggetto;

-incompetenza funzionale;

-mancata individuazione del destinatario;

-omessa notifica; omessa sottoscrizione;

-mancanza o in determinabilità del disposto o sua incompletezza in elementi essenziali.

B. L'invalidità come nullità suscettibile di sanatoria (annullabilità).

La linea di discrimine tra l'unità sanabile e inesistenza è fondata sulla gravità dei vizi.

C. L'invalidità come mera irregolarità inidonea ad incidere sull'efficacia dell'atto.

Si parla in proposito di vizi innocui e, il vizio è innocuo, quando dà luogo a mera irregolarità, quando consiste in una devianza dal modello prescritto che non menoma o pregiudica la funzionalità dell'atto e che si risolve nella direzione di regole di organizzazione dell'azione amministrativa.

Sezione II La dichiarazione tributaria(o autocomposizione).

Premessa.

Il contribuente (e/o il responsabile) è costantemente obbligato ad attivarsi e a presentare all'Amministrazione finanziaria denunce e dichiarazioni, aventi plurima rilevanza.

E' opportuna una distinzione tra le diverse dichiarazioni tributarie e,in primis tra la dichiarazione dei redditi e quelle previste per le altre imposte. Per semplificare l'adempimento dei doveri di dichiarazione, in alcuni casi le dichiarazioni dei redditi, Irap e Iva, e di sostituto d'imposta vengono presentate contestualmente tramite la dichiarazione unificata annuale. Questa confluenza nel cosiddetto modello unico non modifica il fatto che si tratti di dichiarazioni distinte per contenuto e regole.

La dichiarazione dei redditi: requisiti e caratteri fondamentali.

Ai sensi **dell'art. 1 d.p.r. 322/1998**, le dichiarazioni dei redditi vanno redatte ,pena nullità, su stampati conformi a modelli approvati, al fine di permettere all'amministrazione finanziaria di raccogliere e ordinare nel sistema informatico tutti gli elementi dichiarati.

Per rendere subito utilizzabili i relativi dati, le dichiarazioni vanno trasmesse in via telematica all'Agenzia delle entrate direttamente da soggetti passivi o tramite banche, uffici postali, incaricati abilitati dall'Agenzia.

Il contribuente deve conservarne, fino allo scadere dei termini per l'accertamento, la copia cartacea, sottoscritta a pena di nullità. Benchè la firma sia necessaria ad identificare nel contribuente l'autore della dichiarazione, la sua mancanza è sanabile apponendola successivamente, su invito dell'ufficio tributario.

I redditi si considerano non dichiarati se manca l'indicazione degli elementi attivi e passivi necessari per la determinazione degli imponibili secondo le norme che disciplinano l'imposta.

La legge impone **di dichiarare annualmente i redditi posseduti**. Peraltro, è **prevista la presentazione di apposite dichiarazioni non annuali in relazione a particolari vicende** che producono una cesura nell'elemento temporale del presupposto (liquidazione volontaria, fusione...), dando luogo ad autonomi periodi di imposta.

La rilevanza della dichiarazione ai fini dell'accertamento, della riscossione e del rimborso.

Normalmente la dichiarazione esaurisce la sola fattispecie dell'accertamento, non essendo seguita da una di atto di rettifica dell'amministrazione finanziaria. Anche quando la dichiarazione viene assoggettata al controllo, essa conserva un forte ruolo probatorio, in quanto l'amministrazione può giungere ad una diversa determinazione della base imponibile solo procacciandosi la prova dell'incompletezza o dell'infedeltà o di inesattezza dei fatti dichiarati. Inoltre, quando nella dichiarazione sono effettuate delle scelte relative alla determinazione della base imponibile, esse condizionano l'an e il quantum dell'imponibile.

La dichiarazione assume rilevanza anche sul piano della riscossione e del rimborso, perché reca la quantificazione dell'imposta, ossia la liquidazione dell'obbligazione tributaria nonché l'indicazione delle ricevute, dei crediti d'imposta e degli acconti versati (voci che concorrono a ridimensionare l'importo dell'imposta dovuta a saldo o ad evidenziare un diritto al rimborso del dichiarante). **Pertanto la dichiarazione** funge da titolo giustificativo del versamento effettuato ovvero, in ipotesi di omesso versamento, da titolo per l'iscrizione a ruolo ovvero, in caso di eccedenza a credito, da istanza di rimborso.

Ritrattabilità della dichiarazione.

La questione della ritrattabilità della dichiarazione concerne i limiti entro cui il contribuente può correggere un'erronea dichiarazione da cui risulti un debito superiore a quello effettivo.

In caso di errori materiali o di calcolo emergenti prima facie dalla dichiarazione, l'amministrazione finanziaria ha il potere-dovere di procedere d'ufficio alla correzione e all'eventuale rimborso dell'imposta pagata in eccedenza, e per sollecitare il rimborso d'ufficio, l'interessato può presentare istanza di rimborso.

Per quanto riguarda invece gli errori di valutazione giuridica (inclusione di un provento non tassabile o esente, erronea classificazione di un reddito,...) il rimborso deve essere richiesto, salvo deroghe, entro due anni dal pagamento, con apposita istanza all'ufficio tributario competente.

Se il versamento si fonda invece sull'avviso di accertamento o su un'iscrizione a ruolo illegittimi, il contribuente ha l'onere di impugnare tali atti per non perdere il diritto al rimborso. Pertanto se l'imposta erroneamente dichiarata è stata versata, occorre presentare entro due anni istanza di rimborso, dimostrando l'errore commesso; se non è stata versata,una volta che sia stata iscritta a ruolo in base a dichiarazione, si dovrà impugnare il ruolo facendo valere i vizi che inficiano la dichiarazione, giacché in mancanza, si consolidano gli effetti della stessa.

La corte di cassazione ha affermato che la dichiarazione è sempre intrattabile con il solo limite che essa non si riferisca a rapporti esauriti (accertamento definitivo, inutile decorso dei termini posti della legge per il rimborso…).

La possibilità di una correzione in bona partem è stata riconosciuta dal d.p.r. 435 del 2001 che ha previsto che la dicharazione possa essere corretta quanto agli errori e omissioni risolventisi nell'indicazione di un maggior debito d'imposta o di minor credito, presentando la dichiarazione integrativa entro il termine per presentare quella relativa ai periodi d'imposta successiva, e che l'eventuale credito risultante potrà essere utilizzato in compensazione.

La natura giuridica gli effetti delle dichiarazioni e della nascita dell'obbligazione tributaria.

Normalmente la dichiarazione non è seguita da un'attività istruttoria volta a controllare la completezza e la fedeltà della stessa, ma solo dalla liquidazione del tributo e da controlli automatici. Inoltre, se il contribuente lascia decorrere i termini decadenziali senza esperire i rimedi accordatigli, l'obbligazione scaturente dalla dichiarazione si consolida anche in difetto (totale o parziale) del presupposto.

Se invece nel processo su una questione del rimborso si riconosca l'erroneità della dichiarazione, l'obbligazione viene meno perché la pronuncia giurisdizionale annulla (in tutto in parte) gli effetti della dichiarazione anche se gli errori dedotti non sussistano. Inoltre, consentendo la correzione di errori tramite una dichiarazione integrativa, anche la disciplina conferma che la dichiarazione produce effetti propri.

La dichiarazione ha il ruolo di fattispecie-fonte dell'obbligazione tributaria, ossia la stessa efficacia spettante all'imposizione ufficiosa.

Le relazioni tra dichiarazione e l'avviso(o più avvisi) di accertamento ai fini della costituzione di un solo rapporto (o di un fascio di rapporti complementari) relativamente al medesimo presupposto di fatto.

In caso di rettifica della dichiarazione mediante uno o più avvisi di accertamento si pone il problema se la relazione tra avviso (o avvisi) di accertamento e dichiarazione vada ricostruita in termini di annullamento sostituzione (tesi munifica per cui solo la certamente costitutivo dell'intera obbligazione), ovvero di progressiva costituzione di una pluralità di obbligazioni complementari relativamente al medesimo posto (tesi pluralistica) nascenti della dichiarazione dell'avviso di accertamento. Dal sistema risulta confermata quest'ultima teoria, in quanto l'iscrizione a ruolo dell'imposta dichiarata ma non versata segue regole diverse dall'iscrizione dell'imposta accertata.

L'articolo 17 d.p.r. 602/1973 pone un termine di decadenziale per l'iscrizione a ruolo dell'imposta liquidata in base a dichiarazione: se l'avviso di accertamento determinasse la sostituzione di una nuova obbligazione a quella scaturente da dichiarazione, in base ad esso si potrebbe iscrivere a ruolo tutto l'accertato, compresa la quota di imposta corrispondente all'imponibile dichiarato. Al contrario è pacifico che, decorso il termine per l'iscrizione al ruolo dell'imposta liquidata in base a dichiarazione, si possono riscuotere la maggior imposta dovuta in base all'avviso di accertamento.

Inoltre, se l'accertamento ufficioso producesse un effetto caducatorio rispetto all'obbligazione scaturente della dichiarazione ,nel caso di annullamento dello stesso in sede giurisdizionale, andrebbe restituito quanto riscosso in base alla dichiarazione (il che è pacificamente escluso).

Da ultimo, l'idea della costituzione di una pluralità di rapporti obbligatori complementari risulta rafforzata dalla possibilità di una molteplicità di atti di accertamento in relazione allo stesso presupposto. Ciascun atto di accertamento, totale o parziale divenuto definitivo non può essere più caducato da un altro successivo.

La dichiarazione nell'IVA.

Gran parte dei concetti sopra esposti in tema dichiarazione dei redditi possono ripetersi riguardo la disciplina della dichiarazione ai fini del IVA, la quale nella maggior parte dei casi confluisce in quella unificata annuale, altrimenti va presentata tra il 1º febbraio e il 31 luglio (o il 31 ottobre in caso di presentazione telematica).

Analoghe sono le regole sul formalismo dei modelli, sulla presentazione telematica, sulla sottoscrizione.

Il contenuto consiste nei dati ed elementi necessari per individuare il contribuente, determinare l'ammontare delle operazioni dell'importo e per effettuare controlli.

Anche la dichiarazione IVA si contraddistingue per la molteplicità di effetti che ad essa si riconnettono.

Essa obbliga al versamento del conguaglio (differenza tra l'imposta dovuta in base alla dichiarazione e le somme già versate), ovvero legittima la notifica del titolo esecutivo per il recupero del conguaglio non versato.

In caso di eccedenza dei versamenti mensili e del IVA a monte distraibile sull'imposta dovuta in base alle operazioni imponibile vale come istanza di rimborso e di accelerazione.

Essa inoltre prova l'esistenza di dati e fatti esposti a carico del dichiarante, che se vuole smentirla deve dimostrarne l'erroneità.

Il ravvedimento del dichiarante infedele nell' IVA e delle imposte reddituali.

Tanto la normativa IVA quanto quella relativa alle imposte sui redditi consentono al contribuente di accedere al ravvedimento operoso, ossia prevedono la possibilità di procedere alla regolarizzazione delle emissioni di regolarità delle operazioni imponibili ai fini IVA o l'integrazione della dichiarazione presentata ai fini delle imposte sui redditi.

Il termine per la regolarizzazione è stato equiparato a quello previsto dall'articolo 43 d.p.r. 600 del 1973. Il beneficio del ravvedimento è subordinato al pagamento contestuale, da parte del contribuente di una sanzione la cui misura cresce, in dipendenza del ritardo con cui si procede alla regolarizzazione;la sanzione più alta è pari ad 1/5 del minimo previsto per l'irregolarità della dichiarazione scatta già per le violazioni commesse e regolarizzate entro il termine per la presentazione della dichiarazione relativa all'anno nel corso del quale è stata commessa la violazione.

Il contribuente può fruire del ravvedimento operoso a condizione che non siano iniziati accessi, ispezioni a verifiche, che la violazione non sia stata già constatata e che non siano già stati notificati inviti o richieste da parte degli uffici. Inoltre è necessario che la rettifica sia in aumento rispetto ai dichiarazione originaria, ossia di termini l'evidenziazione di una maggiore IVA ovvero di un maggior imponibile o di un minore perdita ai fini delle imposte sui redditi.

La dichiarazione delle imposte sui trasferimenti e doganali.

Normalmente, nelle imposte sui trasferimenti il contribuente deve dichiarare presupposto e l'imponibile, ma non anche liquidare l'imposta.

Nell'imposta di registro, essendo normalmente imponibile un valore semplice, è sufficiente presentare l'atto scritto e la richiesta di registrazione, redatta su stampato conforme al modello ministeriale. Sono tuttavia tassati in base a denuncia, mancando l'atto scritto, i contratti verbali.

Quanto alle imposte doganali, con la relativa dichiarazione, è manifestata la volontà di dare ad una merce destinazione, mettendola al consumo in un mercato diverso da quello di origine. La dichiarazione doganale può essere fatta verbalmente, per iscritto o mediante il sistema informatico e dovrà contenere indicazioni relative dichiarante, al proprietario, alla merce e gli altri importi da pagare.

SEZIONE III. L'AVVISO DI ACCERTAMENTO(O DI IMPOSIZIONE) OFFICIOSO.

Gli atti con cui si esercita il potere di imposizione dell'ufficio sono autoritativi diretti al contribuente, con i quali si modifica la rappresentazione della fattispecie tributaria fornita, ovvero di sopperisce alla mancanza di tale doverosa rappresentazione, determinando gli elementi rilevanti per la qualificazione del tributo dovuto. A questi atti è riconducibile l'effetto di legittimare l'amministrazione finanziaria a riscuotere le somme dovute in base a suddetta determinazione.

L'autoritatività di tali atti consiste in ciò:hanno efficacia preclusiva se non tempestivamente impugnati; sono idonei ad incidere unilateralmente sulla sfera giuridica del destinatario, in particolare legittimando in vari casi la riscossione delle maggiori imposte pretese, indipendentemente da un controllo giurisdizionale della loro fondatezza.

A fronte di tali caratteri che pongono l'amministrazione finanziaria posizione di supremazia, risulta evidente la necessità di adeguate garanzie, idonee ad evitare il possibile esercizio arbitrario dell'eventuale potere accertativo. Queste garanzie consistono in limitazioni concernenti l'esplicazione del potere impositivo, relative al periodo entro il quale deve essere notificato l'atto di accertamento, alla necessità che esso rappresenti l'esito dell'esame di tutte le risultanze istruttorie, ai requisiti formali dello stesso, riguardanti l'esternazione di tutti gli atti rilevanti per la determinazione della pretesa dell'amministrazione finanziaria, in particolare dei motivi di fatto e di diritto sui quali si basa il convincimento dell'ufficio.

In merito l'art.7 dello Statuto del contribuente dispone che gli atti dell'amministrazione finanziaria siano motivati secondo la disciplina sulla motivazione dei provvedimenti amministrativi (la garanzia della motivazione è estesa anche al titolo esecutivo). Inoltre obbliga ad indicare negli atti dell'amministrazione finanziaria e dei concessionari della riscossione l'ufficio presso il quale ottenere informazioni sull'atto medesimo, il responsabile del procedimento, l'organo presso il quale è possibile promuovere un riesame, nonché, in caso di atti impugnabili, le modalità, il termine è l'organo cui è possibile ricorrere.

Infine,una garanzia fondamentale consiste nel dovere dell'ufficio di raccogliere previamente la prova dei presupposti specifici dell'emanazione dei singoli atti, delle circostanze che non legittimano a esercitare il potere di accertamento.

Il contenuto è costituito dagli elementi di cui la legge richiede l'indicazione nella e si identifica con il dispositivo, ossia le statuizioni cui si ricollegano gli effetti di esso, in contrapposizione ai motivi di fatto e di diritto posti a fondamento delle medesime, nonché agli altri requisiti formali. Il contenuto dell'avviso di accertamento varia secondo la struttura e la disciplina di diversi tipi di imposte e la funzione destinata all'atto; ma anche in riferimento alla medesima imposta il dispositivo dipende dal tipo e dall'oggetto di accertamento ufficioso.

La motivazione.

La motivazione, ossia l'indicazione delle ragioni di fatto e di diritto poste alla base dell'atto di accertamento, costituisce un elemento di grande importanza, in quanto garanzia da un lato del rispetto delle regole sulla formazione del convincimento dell'ufficio; dall'altro della possibilità per il contribuente di valutare la fondatezza o meno del provvedimento, e quindi di poterne ,se del caso ,contestare la legittimità attraverso una motivata impugnazione.

La necessità della motivazione per tutti gli atti di imposizione è sancito dall'art.7 dello Statuto del contribuente. La variabile ampiezza della motivazione è correlata alla funzione di essa in relazione alle varie tipologie di atti di imposizione, per cui l'osservanza di tale obbligo va verificata in concreto, in relazione al singolo atto.

L'opinione della giurisprudenza è che, sul piano generale, l'ampiezza minima della motivazione debba essere individuata in relazione alla funzione di consentire l'identificazione dei presupposti materiali e giuridici cui è correlata la pretesa tributaria, in modo da mettere il destinatario del provvedimento in grado di svolgere efficacemente la difesa, e di delimitare l'ambito delle ragioni deducibili dall'ufficio in sede contenziosa.

In particolare, per quanto riguarda l'avviso di accertamento delle imposte sui redditi, la disciplina impone di riferire la motivazione non solo ai presupposti di fatto e di diritto della pretesa, ma pure all'applicazione da parte dell'ufficio delle regole sui singoli tipi e metodi di quantificazione dell'imponibile, confermando così la funzione del requisito in esame di assicurare il controllo sul rispetto delle regole dell'azione impositiva.

Dunque, attraverso questo rinvio alle regole sulla formazione del convincimento dell'ufficio, viene delineato una corrispondente articolazione dei motivi dell'avviso di accertamento, che dovrebbero dar conto del procedimento logico seguito per giungere alla determinazione contenuta, e della conformità di questo alle regole sui presupposti di vari tipi di atto, sugli elementi utilizzabili, sulla dotazione di. Ciò impone che i motivi abbiano tutta la necessaria specificità (si deve far riferimento ai singoli redditi, devono essere indicate le giustificazioni dell'impiego dei miei induttivi o sintetici).

Nel caso di riferimento ad altri atti non già conosciuti o ricevuti dal contribuente, il testo dell'articolo 42 d.p.r. 600 stabilisce che questi siano allegati ovvero ne sia riprodotto nell'accertamento contenuto essenziale.

La competenza.

Tra i presupposti di legittimità degli atti di accertamento vi è anche la competenza dell'ufficio che li ha emanati. Tale competenza spetta attualmente, per i vari tributi la cui gestione affidata alla Agenzia delle entrate, ai diversi uffici locali.

Sotto il profilo territoriale, l'ufficio competente per l'emissione dell'atto di accertamento ai fini delle imposte reddituali è quello nella cui circoscrizione si trova il domicilio fiscale del contribuente, alla data in cui è stata presentata la dichiarazione.

Riguardo le conseguenze dell'incompetenza si parla di carenza di potere e quindi di nullità assoluta dell'atto.

La sottoscrizione.

L'avviso di accertamento d'essere sottoscritto, a pena di nullità, dal capo dell'ufficio od altro impiegato nella carriera Direttiva da lui delegato. La mancanza di sottoscrizione dovrebbe comportare inesistenza.

Il termine di decadenza e la notificazione.

Il legislatore pone dei limiti temporali all'esercizio della potestà impositiva (stabilendo i termini entro i quali gli atti positivi devono essere notificati, a pena di decadenza) per ragioni di tutela del contribuente, sia per esigenze di economia procedimentale e di stabilità della riscossione.

In particolare, l'avviso di accertamento per le imposte reddituali deve essere notificato entro il 31 dicembre del quarto anno successivo alla presentazione della dichiarazione o, in caso di omissione o nullità della dichiarazione, nel quinto anno successivo a quello in cui avrebbe dovuto essere presentata (articolo 43 d.p.r. 600); per le dichiarazioni presentate prima del 1 gennaio 1999, i termini sono invece fissati rispettivamente al quinto e sesto anno successivo.

L'articolo 37 del D.L. 223 del 2006 prevede un raddoppio dei termini ordinari se il fatto di evasione è nel contempo frutto di reato previsto dal decreto legislativo 74 del 2000.

I termini per le liquidazioni e le rettifiche formali sono più ristretti: per le dichiarazioni presentate dal 1 gennaio 1999 la liquidazione , deve svolgersi entro l'inizio del periodo di presentazione della dichiarazione relativa all'anno successivo;la rettifica formale entro il 31 dicembre del secondo anno successivo a quello di presentazione.

Secondo l'opinione prevalente il vizio di inosservanza del termine rende l'atto solamente annullabile.

Essendo l'accertamento un atto recettizio, che esiste e produce effetti in quanto sia notificato al destinatario, da un lato la decadenza è evitata solo dalla notificazione, dall'altro i vizi di essa costituiscono vizi formali dell'atto.

La disciplina sulle notificazioni materia di imposte dirette risulta dall'articolo 60 d.p.r.600: la competenza dei messi comunali o messi speciali autorizzati dall'ufficio delle imposte; la sottoscrizione dell'atto da parte del consegnatario; l'individuazione come luogo di notifica del domicilio fiscale del destinatario coincidente in linea di principio con l'indirizzo anagrafico al momento della notificazione, salvo il caso di consegna in mani proprie e la facoltà di eleggere domicilio nel medesimo Comune, con la dichiarazione annuale o con la raccomandata a.r.inviata all'ufficio imposte.

Dibattuto è il problema sulla sanatoria dei vizi della notificazione: da un lato si sostiene che vizi della notificazione non siano sanati quando il destinatario abbia avuto conoscenza dell'atto entro i termini previsti dalla legge, o almeno in quanto l'abbia impugnato; dall'altro si è affermato che il contribuente avrebbe interesse a far valere l'inesistenza della notificazione solo per superare l'eccezione di tardività del proprio ricorso o per eccepire la suddetta decadenza dell'Erario per la scadenza dei termini (i vizi di notifica non bastano di per sé ad annullare l'atto). A tal proposito, occorre ricordare che nel ricorso alla Commissione tributaria il contribuente ha facoltà di contestare anche i vizi di atti non notificati, precedenti a quello notificatogli.

Atto impugnato e atto definitivo.

L'atto di imposizione, in quanto atto autoritativo, produce i suoi effetti anche se impugnato, in base al generale principio per il quale l'efficacia dei provvedimenti amministrativi è indipendente dal controllo giurisdizionale di legittimità degli stessi. Tali effetti si risolvono nella legittimazione dell'ulteriore azione amministrativa di riscossione e quindi, nel far sorgere il corrispondente dovere di versamento del contribuente ovvero il potere di iscrizione a ruolo, nei casi in cui tale dovere non sia stato adempiuto opero nasca solo quella notifica di quest'ultimo atto.

Tuttavia tali effetti subiscono spesso una limitazione in relazione al fatto che l'accertamento sia impugnabile o il giudizio sia pendente, in quanto la riscossione degli importi risultanti è parziale e graduata secondo le vicende del processo di (ma ciò incide solo sul piano quantitativo, senza escludere l'immediata efficacia dell'atto).

Piuttosto l'efficacia dell'atto di imposizione è instabile, in quanto potrebbe venir meno in caso di accoglimento del ricorso da parte del giudice tributario. Quando questa instabilita viene meno, perché accertamento non è stato impugnato nei termini, o il ricorso è inammissibile,o è stato respinto con decisione passata in giudicato, l'atto diventa definitivo: vengono consolidati gli effetti come titolo della riscossione o della ritenzione delle somme riscosse.

Alla definitività è stato spesso ricondotto anche un effetto di incontestabilita delle ricostruzioni fattuali contenute nell'accertamento, o di preclusione di diverse determinazioni del dovuto. Tuttavia, i fatti su cui si fonda l'accertamento definitivo possono essere rimessi in discussione in occasione dell'impugnazione di altri accertamenti che pongano tali fatti a base del prelievo di altre imposte o lo stesso tributo per periodi diversi, né sono impediti accertamenti integrativi o modificativi per lo stesso periodo d'imposta. In secondo luogo, gli stessi effetti di attribuzione patrimoniale definitiva possono essere rimossi , in determinati casi, in base ad una diversa ricostruzione della fattispecie tributaria (ad esempio, la definitività derivante dalla mancata impugnazione o dall'inammissibilità del ricorso non impedisce l' autoannullamento dell'atto da parte dell'amministrazione finanziaria); inoltre il contribuente può invocare il giudicato favorevole ottenuto da un coobbligato in solido che abbia ritualmente impugnato il medesimo accertamento.

Dunque le qualificazioni giuridiche e la ricostruzione dei fatti contenute nell'accertamento si pongono sul piano della giustificazione di questo, non come contenuto preclusivo di diverse determinazioni; e lo stesso vincolo concernente la determinazione dell'obbligazione è suscettibile di venire meno in seguito alla rilevazione dell'erroneità di essa, anche se il contribuente non ha al riguardo garanzie paragonabili a quelle date da ricorso la commissione tributaria.

L'imposizione concordata o negoziata.

Gli uffici dell'amministrazione finanziaria possono definire l'accertamento, ai fini delle imposte sui redditi e dell'IVA, con l'adesione del contribuente: in tal modo si forma un accertamento definitivo, vincolante anche per l'amministrazione finanziaria in quanto sono escluse non solo l'impugnazione da parte del contribuente, ma anche integrazioni e modificazioni da parte dell'ufficio.
Questo meccanismo di imposizione consente di acquisire immediatamente stabilmente le somme accertate.
L'adesione viene incentivata mediante benefici sul piano sanzionatorio. Sul piano penale, l'articolo 13 del decreto legislativo 74 del 2000 prevede la diminuzione fino alla metà delle pene per i delitti in materia di imposte i redditi e IVA se prima dell'apertura del dibattimento siano stati pagati i debiti tributari, anche se ridotti a seguito del concordato; le sanzioni amministrative sono ridotte ad un quarto del minimo per le violazioni concernenti i tributi oggetto dell'adesione, commesse nel periodo di imposta, e il contenuto della dichiarazione.
L'ambito di applicazione principale del concordato dovrebbe essere quello delle questioni non risolvibili in base ad elementi certi, ma che comportano certi margini di apprezzamento valutativo, in particolare il campo degli accertamenti presuntivi induttivi. Tuttavia, a parte l'inapplicabilità per le liquidazioni e le rettifiche formali, non vi sono limiti di contenuto agli accertamenti suscettibili di essere definiti mediante adesione.
Per favorire il raggiungimento del concordato è previsto un contraddittorio tra ufficio tributario e contribuente, in modo da consentire al primo di tener conto di tutti gli elementi che può apportare il secondo.
L'iniziativa può essere presa dall'ufficio, prima della formazione di atti di imposizione, invitando il contribuente a comparire per definire con la sua adesione i periodi d'imposta che sono suscettibili di accertamento. Ma anche il contribuente, se ha subito accessi, ispezioni o verifiche, può chiedere all'ufficio di formulare una proposta di accertamento alla quale possa eventualmente aderire; se gli è stato notificato l'avviso di accertamento non preceduto dall'invito di adesione, può presentare un'istanza di accertamento con adesione, la quale sospende per 90 giorni il termine per impugnare l'atto davanti a Commissione tributaria e la riscossione del tributo, e comporta l'invito a comparire per instaurare il contraddittorio (tuttavia l'ufficio non è tenuto a pervenire alla definizione con adesione, se non ritiene che il contribuente abbia fornito elementi idonei a ridurre la pretesa fiscale).
L'atto di accertamento con adesione é redatto per iscritto e sottoscritto dal contribuente e dal capo

dell'ufficio, con l'indicazione degli elementi e dei motivi su cui si fonda. Affinché la definizione si perfezioni è necessario che entro 20 giorni il contribuente versi le somme dovute in conseguenza dell'adesione. In mancanza riprende di ordinario e non perde efficacia dell'ordinario atto di imposizione.
Per quanto riguarda la natura dell'accertamento con adesione l'opinione prevalente lo considera un atto unilaterale di accertamento cui si aggiunge, rimanendo però distinta, l'adesione del contribuente.
Non è accoglibile la tesi transattiva,la quale si traduce nel riconoscimento dell'illegittimità dell'attuale regolamentazione dell'istituto sotto il profilo costituzionale e comunitario.
I pareri resi a seguito di interpello speciale o ordinario.
La L. 413 del 1991 permette ai contribuenti di azionare una speciale procedura volta l'ottenimento di un parere, da parte di un "Comitato consultivo per l'applicazione delle norme antielusive" istituito presso il ministero delle finanze, in ordine all'applicabilità di talune norme, accomunate da una matrice antielusiva, a determinate operazioni.
In sostanza, attivando la procedura di interpello, il contribuente vuole sapere se una certa operazione che ha progetto di compiere (o che ha compiuto), ricadente nel catalogo di quelle della stessa legge considera come potenzialmente elusive, si debba trattare effettivamente come tale.
Il parere reso dal comitato ha efficacia solo ai fini e nell'ambito lo specifico rapporto tributario, in funzione del quale è stato omesso, ossia ha efficacia inter partes;esso è vincolante.
Oltre al interpello speciale, il nostro ordinamento (ex art. 11 dello Statuto del contribuente) prevede anche l' interpello ordinario, attivato sulla base di un'istanza per iscritto il contribuente, concernente l'applicazione delle disposizioni tributarie a casi concreti e personali, qualora vi siano obiettive condizioni di incertezza sulla corretta interpretazione delle disposizioni stesse.
Nell'istanza il richiedente dovrebbe prospettare quale interpretazione o quale comportamento egli ritenga corretto.
Se l'amministrazione finanziaria concorda con la tesi prospettata dal richiedente o fa decorrere 120 giorni senza rispondere, la risposta che è espressa o tacita che effetti vincolanti, in modo che qualsiasi atto anche a contenuto impositivo sanzionatorio che l'amministrazione dovesse mai il futuro, disattendendo il verdetto, sarebbe nullo.
Se il contribuente dissente dal parere favorevole ricevuto, è libero di conformarvisi o no: può realizzare ugualmente l'operazione reputata elusiva o applicare la norma di controversa interpretazione adottando una tesi ricostruttiva diversa da quelle indicata dall'amministrazione finanziaria. Il contribuente che voglia dissentire dovrà fornire la motivazione della ritenuta erroneità del verdetto ricevuto.

Tipologia dell'accertamento ufficioso: 1) avviso di accertamento in rettifica e la globalità.

L' avviso di accertamento in rettifica si caratterizza per il suo riferirsi ad una dichiarazione validamente presentata, da cui risultino un imponibile inferiore a quello che l'ufficio reputa effettivo o deduzioni o detrazioni non spettanti.

Le differenze tra metodi di calcolo non influenzano la natura dell'atto impositivo, incidendo solo sul contenuto della motivazione di esso. Anche il fatto che la determinazione dell'imponibile per le persone fisiche faccia riferimento ai redditi delle singole categorie, mentre per i soggetti Irpeg al reddito complessivo, tendendo distinti i redditi fondiari, non fanno venir meno l'unitarietà concettuale dell'avviso di accertamento in rettifica.

Si può contrapporre invece un accertamento in rettifica ordinario, con caratteristiche di tendenziale globalità ed unicità (in quanto esso deve fondarsi su tutti gli elementi rilevanti a quelli per il momento della sua emanazione e riferirsi all'intera base imponibile) ad ipotesi speciali di accertamento (concernenti solo gli elementi rilevanti per la determinazione dell'obbligazione tributaria,emersi da controlli di estensione limitata).

Al fine di tutelare l'economicità ed efficienza dell'attività amministrativa (al chè si favorisce la concentrazione della pretesa fiscale in un atto unico e globale, anziché la frammentazione di una pluralità di atti), e la protezione dell'interesse del contribuente (che viene esposto a maggiori costi e disagi se la spesa complessiva pretesa d'imposta viene manifestata in più atti, dovendo contestare ciascuno di essi con separati ricorsi) il legislatore dispone che il primo accertamento in linea di principio può essere seguito da altri solo in seguito alla sopravvenuta conoscenza di nuovi elementi.

Fanno eccezione i casi in cui il legislatore ha ritenuto prevalere l'interesse ad una sollecita acquisizione delle maggiori imposte correlate a singoli elementi della fattispecie tributaria, il cui accertamento sia particolarmente semplice e immediato, escludendo che l'atto con il quale si procede ai relativi recuperi precluda l'emanazione di successivi avvisi di accertamento, anche se basati su elementi già conosciuti dall'ufficio.

La distinzione tra rettifica globale e rettifiche parziali investe molti aspetti.

Segue: 2) l'accertamento d'ufficio in assenza di dichiarazione.

L'avviso di accertamento d'ufficio presuppone l'omissione o la nullità della dichiarazione: l'ufficio procede alla determinazione del reddito e dell'imposta dovuta in totale sostituzione dell'obbligato inadempiente.

L'accertamento d'ufficio non ha finalità sanzionatorie, essendo diretto a ricostruire il reddito effettivo, anche se il livello delle garanzie accordate al contribuente è inferiore a quello previsto per l'accertamento in rettifica: le regole probatorie sono analoghe a quelle dell'accertamento con metodo induttivo, la determinazione concerne il reddito complessivo.

Tuttavia la ricostruzione, per non trasformare l'accertamento d'ufficio in uno strumento punitivo, può essere sintetica o induttiva solo se non si siano rinvenuti elementi idonei per una determinazione analitica.
Il termine per la notifica di questi avvisi di accertamento è di un anno, mentre per quanto riguarda i requisiti formali valgono le regole generali dell'articolo 42.

Segue: 3) la liquidazione in base alla dichiarazione e controllo formale della dichiarazione.

L'articolo 36 bis d.p.r. 600 del 1973 disciplina la liquidazione delle imposte, dei contributi previdenziali e dei premi assicurativi dovuti dai contribuenti e dai sostituti d'imposta, ovvero dei rimborsi spettanti ai medesimi, in base alle dichiarazioni da essi presentate.
Il debito o credito emergente dalla dichiarazione, in base alla quale si procede al riscontro della congruenza con gli importi versati, non è però semplicemente quello indicato dal contribuente: su tutte le dichiarazioni presentate è effettuata una serie di controlli, in modo da scoprire determinati tipi di errori, risultanti dal contenuto della dichiarazione stessa e dagli elementi in possesso dell'anagrafe tributaria, la correzione dei quali è semplice ed immediata.
Qualora in base a tali correzioni risulta versata la somma inferiore al dovuto, il recupero si attuerà senza le regole le garanzie proprie della rettifica della dichiarazione; invece la sanzione amministrativa è del 30% dell'importo versato in meno, e non quella per infedele dichiarazione.
Qualora invece risulti che la somma versata sia superiore a quella dovuta, si procederà al rimborso d'ufficio.
Il termine per lo svolgimento di controlli è l'inizio del periodo di presentazione della dichiarazione relativa all'anno successivo.
I risultati di tale liquidazione, divergenti da quanto comunicato dal contribuente, sono ad esso comunicati affinché possano evitare di ripetersi gli stessi errori e regolarizzare gli adempimenti formali, o comunicare eventualmente dati ed elementi non considerati nella liquidazione. La comunicazione degli esiti della liquidazione non è un avviso di liquidazione, tipico atto impositivo. Essa certamente rilevanza esterna, in quanto atto finalizzato a rendere esplicite le ragioni e il contenuto della pretesa fiscale, ma l'opinione prevalente la ritiene assimilabile ad un "avviso bonario" che dà al soggetto passivo la possibilità di evitare la successiva iscrizione a ruolo, o adempiendo senza bisogno di quest'ultima, o dimostrando l'erroneità della pretesa stessa. Infatti, entro 30 giorni, è possibile fare presente all'amministrazione finanziaria fatti o elementi non considerati o erroneamente valutati in fase di liquidazione, ai fini del ritiro o della riduzione della pretesa, o pagare quanto dovuto fruendo della riduzione di un terzo della sanzione amministrativa.
In mancanza di pagamento o di dimostrazione dell'infondatezza della pretesa, la somma è iscritta a ruolo.
I controlli formali disciplinati dall'articolo 36 ter d.p.r. 600 del 1973 si svolgono con modalità simili.
Anch'essi comportano sanzioni amministrative per insufficiente versamento e non per infedele

dichiarazione; anch'essi concernono ipotesi tassative e, a differenza di quelli di cui all'articolo 36 bis, hanno carattere selettivo e si possono fondare sul confronto tra quanto dichiarato e determinati elementi esterni alla dichiarazione.

Tali controlli sono effettuati dagli uffici periferici dell'amministrazione finanziaria entro il 31 dicembre del secondo anno successivo a quello di presentazione della dichiarazione. Al soggetto passivo può essere richiesto di fornire chiarimenti o presentare ricevute di versamento e altri documenti non allegati la dichiarazione difformi dai dati forniti da terzi, realizzandosi così una limitata istruttorio.

La rettifica risultante dal controllo formale va comunicata al soggetto passivo indicandone i motivi, onde permettergli eventualmente di segnalare dati ed elementi non considerati o valutati erroneamente: sussistono dunque la garanzia della motivazione è quella connessa di un contraddittore anteriore all'iscrizione a ruolo.

Per quanto riguarda l'inquadramento dell'istituto, parte della dottrina lo considera estraneo all'accertamento,ascrivendolo nell'area della riscossioni.

NORMATIVA:

36-bis. Liquidazioni delle imposte, dei contributi, dei premi e dei rimborsi dovuti in base alle dichiarazioni.

1. Avvalendosi di procedure automatizzate, l'amministrazione finanziaria procede, entro l'inizio del periodo di presentazione delle dichiarazioni relative all'anno successivo, alla liquidazione delle imposte, dei contributi e dei premi dovuti, nonché dei rimborsi spettanti in base alle dichiarazioni presentate dai contribuenti e dai sostituti d'imposta . 2. Sulla base dei dati e degli elementi direttamente desumibili dalle dichiarazioni presentate e di quelli in possesso dell'anagrafe tributaria, l'Amministrazione finanziaria provvede a: a) correggere gli errori materiali e di calcolo commessi dai contribuenti nella determinazione degli imponibili, delle imposte, dei contributi e dei premi; b) correggere gli errori materiali commessi dai contribuenti nel riporto delle eccedenze delle imposte, dei contributi e dei premi risultanti dalle precedenti dichiarazioni; c) ridurre le detrazioni d'imposta indicate in misura superiore a quella prevista dalla legge ovvero non spettanti sulla base dei dati risultanti dalle dichiarazioni; d) ridurre le deduzioni dal reddito esposte in misura superiore a quella prevista dalla legge; e) ridurre i crediti d'imposta esposti in misura superiore a quella prevista dalla legge ovvero non spettanti sulla base dei dati risultanti dalla dichiarazione; f) controllare la rispondenza con la dichiarazione e la tempestività dei versamenti delle imposte, dei contributi e dei premi dovuti a titolo di acconto e di saldo e delle ritenute alla fonte operate in qualità di sostituto d'imposta. 3. Quando dai controlli automatici eseguiti emerge un risultato diverso rispetto a quello indicato nella dichiarazione, l'esito della liquidazione è comunicato al contribuente o al sostituto d'imposta per evitare la reiterazione di errori e per consentire la regolarizzazione degli aspetti formali e la comunicazione all'Amministrazione finanziaria di eventuali dati ed elementi non considerati nella liquidazione. 4. I dati contabili risultanti dalla liquidazione prevista nel presente articolo si considerano, a tutti gli effetti, come dichiarati dal contribuente e dal sostituto d'imposta .

36-ter. Controllo formale delle dichiarazioni.

1. Gli uffici periferici dell'amministrazione finanziaria, procedono, entro il 31 dicembre del secondo anno successivo a quello di presentazione, al controllo formale delle dichiarazioni presentate dai contribuenti e dai sostituti d'imposta sulla base dei criteri selettivi fissati dal Ministro delle finanze, tenendo anche conto delle capacità operative dei medesimi uffici (25/l). 2. Senza pregiudizio dell'azione accertatrice a norma degli articoli 37 e seguenti, gli uffici possono: a) escludere in tutto o in parte lo scomputo delle ritenute d'acconto non risultanti dalle dichiarazioni dei sostituti d'imposta, dalle comunicazioni di cui all'articolo 20, terzo comma, del decreto del Presidente della Repubblica 29 settembre 1973, n. 605, o dalle certificazioni richieste ai contribuenti ovvero delle ritenute risultanti in misura inferiore a quella indicata nelle dichiarazioni dei contribuenti stessi; b) escludere in tutto o in parte le detrazioni d'imposta non spettanti in base ai documenti richiesti ai contribuenti o agli elenchi di cui all'articolo 78, comma 25, della legge 30 dicembre 1991, n. 413; c) escludere in tutto o in parte le deduzioni dal reddito non spettanti in base ai documenti richiesti ai contribuenti o agli elenchi menzionati nella lettera b); d) determinare i crediti d'imposta spettanti in base ai dati risultanti dalle dichiarazioni e ai documenti richiesti ai contribuenti; e) liquidare la maggiore imposta sul reddito delle persone fisiche e i maggiori contributi dovuti sull'ammontare complessivo dei redditi risultanti da più dichiarazioni o certificati di cui all'articolo 1, comma 4, lettera d), presentati per lo stesso anno dal medesimo contribuente; f) correggere gli errori materiali e di calcolo commessi nelle dichiarazioni dei sostituti d'imposta. 3. Ai fini dei commi 1 e 2, il contribuente o il sostituto d'imposta è invitato, anche telefonicamente o in forma scritta o telematica, a fornire chiarimenti in ordine ai dati contenuti nella dichiarazione e ad eseguire o trasmettere ricevute di versamento e altri documenti non allegati alla dichiarazione o difformi dai dati forniti da terzi. 4. L'esito del controllo formale è comunicato al contribuente o al sostituto d'imposta con l'indicazione dei motivi che hanno dato luogo alla rettifica degli imponibili, delle imposte, delle ritenute alla fonte, dei contributi e dei premi dichiarati, per consentire anche la segnalazione di eventuali dati ed elementi non considerati o valutati erroneamente in sede di controllo formale.

Segue: 4) L'avviso di accertamento parziale.

L' accertamento parziale è una deroga ai principi di unicità e globalità dell'atto di accertamento, in quanto non pregiudica la possibilità di versare in un atto successivo elementi già posseduti dall'ufficio al momento di emanazione di esso. La giustificazione di tale deroga si fonda sull'esigenza di consentire all'ufficio di procedere subito all'accertamento, in relazione ai singoli aspetti della fattispecie tributaria, quando gli siano pervenuti elementi che ne consentano determinazioni autonome, in quanto di particolare semplicità ed evidenza probatoria.

L'accertamento parziale si basa su segnalazioni provenienti da determinati soggetti esterni all'ufficio: guardia di finanza, all'anagrafe tributaria, enti e amministrazioni pubbliche. Le segnalazioni devono avere un contenuto tale da permettere senz'altro di procedere alla confezione dell'atto, sulla base di una verifica elementare, e il meccanismo non deve prestarsi dunque ad essere impiegato per accertamenti richiedenti elaborazioni di una certa complessità, come quelli induttivi.

Tuttavia la ratio dell'accertamento parziale e la differenza di esso da quello ordinario sono diventate più difficile da cogliere soprattutto con l'introduzione di alcune disposizioni che hanno esteso l'applicazione dell'accertamento parziale ad ipotesi caratterizzate non dalla parzialità o della provenienza di segnalazioni dall'esterno, ma solo dall'automatismo inteso come immediatezza di determinazione senza bisogno di indagini approfondite.

Distinguere l'accertamento parziale dall'accertamento ordinario risponde alla diversità delle relative discipline, di fronte alle quali è necessario evitare che l'applicazione del regime dell'accertamento ordinario o di quello parziale dipenda da una scelta insindacabile dell'ufficio.

Segue: 5) l'accertamento integrativo per sopravvenuta conoscenza di nuovi elementi.

In forza del principio di tendenziale globalità dell'avviso di accertamento, l'ufficio deve utilizzare tutti i dati in suo possesso quando emana un atto siffatto, e, sino alla scadenza del termine di decadenza, l'avviso può essere modificato o integrato in aumento con ulteriori avvisi, se basati sulla sopravvenuta conoscenza di nuovi elementi, con limiti all'integrabilità degli accertamenti definiti con adesione del contribuente.

Premesso che parla di integrazione se l'aumento si collega con aspetti non considerati nel primo atto, di modificazione se incide su elementi del presupposto che siano già state oggetto di considerazione nell'atto pregresso,la ratio della limitazione legislativa si risolve nel divieto che la riattivazione della funzione impositiva possa fondarsi sulla revisione della valutazione compiuta per il primo accertamento.

È precluso un diverso apprezzamento di materiale probatorio già disponibile al momento dell'emanazione di questo, anche se un più approfondito esame dovrebbe porre in luce elementi trascurati o insufficientemente o erroneamente utilizzati: non si possono correggere errori di valutazione e sviste. La funzione del limite infatti è quella di indurre l'ufficio ad impiegare subito tutti i dati suo possesso, per tutelare il contribuente, e per economia procedimentale. E da garanzia della controllabilità di questo limite, nella motivazione, a pena di nullità devono essere indicati i nuovi elementi e gli atti o fatti tramite i quali l'ufficio li ha conosciuti.

Quanto ai rapporti fra i due atti, secondo parte della dottrina si avrebbe annullamento sostituzione dell'atto. Sembra però più corretto ritenere che i vari atti restino autonomi in quanto produttivi di distinte obbligazioni tributarie, al fine della progressiva adeguazione della fattispecie accertata a quella reale.

SEZIONE IV. ALTRI TIPI DI IMPOSIZIONE OFFICIOSA.

La fattispecie dell'accertamento officioso nell'iva.

La disciplina dell'accertamento officioso nell'IVA è in gran parte simile a quella delle imposte sui redditi. Anche per l'IVA gli uffici svolgono una finzione di liquidazione delle dichiarazioni e di controllo su una ridotta percentuale di posizioni, che sfocia nella determinazione dell'imposta dovuta solo quando sia rilevata l'omissione o l'infedeltà della dichiarazione. Anche per quanto riguarda gli avvisi di accertamento ,attraverso i quali si esplica la suddetta funzione determinativo, le somiglianze con le imposte reddituali sono notevoli; esistono tuttavia alcune peculiarità che è necessario sottolineare:

- l'avviso di accertamento IVA, oltre a determinare una maggiore imposta ne richiede anche il pagamento, entro 60 giorni dalla notifica al soggetto passivo; all'iscrizione a ruolo si procede solo in caso di inadempimento;
- il legislatore, nell'individuare la tipologia degli atti di accertamento, distinguoeda un lato le rettifiche della dichiarazione nelle quella maggior imposta dovuta o la minore eccedenza detraibile o rimborsabile è determinata analiticamente, dall'altro gli accertamenti induttivi, in cui viene determinato globalmente

l'ammontare delle operazioni imponibili. Gli accertamenti induttivi, a differenza degli omologhi accertamenti delle imposte reddituali, sono ammessi non solo in caso di omissione della dichiarazione o di violazioni che la inficino, ma anche per anomalie concernenti la contabilità;

- in caso di pericolo per la riscossione del tributo, sono ammissibili rettifiche o accertamenti induttivi anteriori alla presentazione della dichiarazione, che possono riguardare perfino solo una frazione del periodo d'imposta, con riferimento pertanto alle imposte non versate in base alla disciplina delle liquidazioni periodiche.

I decreto legislativo 241 del 1997 ha introdotto anche nell'IVA una disciplina a sé della liquidazione delle imposte dovute in base la dichiarazione.

Il procedimento è analogo a quello dell'articolo 36 bis d.p.r. 600 del 1973.

Circa il contenuto dell'avviso, l'articolo 56 d.p.r. 633 del 1972, nell'individuare gli elementi che debbono esservi indicati a pena di nullità, disciplina distintamente le rettifiche analitiche e gli accertamenti induttivi. Per le prime, non è stabilito nulla sul dispositivo(che dovrà almeno indicare gli elementi oggetto della diversa determinazione es. l'imponibile,la maggiore imposta dovuta), mentre è regolata minuziosamente la motivazione richiedendosi a pena di nullità la specifica indicazione non solo delle violazioni (errori, omissioni e false o inesatte indicazioni), sulle quali si fonda la rettifica, ma anche delle relative prove, ed in particolare dei fatti assunti a fondamento di presunzioni.

Per gli accertamenti induttivi si stabilisce che siano indicati l'imponibile determinato, le aliquote e le detrazioni, nonché le ragioni dell'applicabilità di questo metodo. A pena di nullità devono essere indicate le ragioni di pericolo per la riscossione che legittimano accertamenti anticipati rispetto alla dichiarazione.

L'ultimo comma, inserito dal decreto legislativo 32 del 2001, ha precisato con riferimento ad entrambi i tipi di accertamento che, a pena di nullità, devono essere indicati presupposti di fatto e le ragioni di diritto che li hanno determinati, ed allegati o riprodotti nel contenuto essenziale gli altri atti con motivazione faccia riferimento.

Per altri aspetti da disciplina è più vicina a quella delle imposte reddituali. I termini per l'accertamento sono più brevi: al riguardo assume distinta rilevanza l'omessa presentazione della dichiarazione perché soltanto in questo caso l'ufficio deve notificare l'atto entro il 31 dicembre del quinto anno successivo a quello in cui avrebbe dovuto essere presentata, mentre nelle altre ipotesi il termine scade il 31 dicembre del quarto anno successivo a quello della presentazione.

Le regole sugli accertamenti integrativi e modificativi sono sostanzialmente coincidenti: anche in materia di IVA sono ammessi accertamenti parziali quando dagli elementi segnalati risultino corrispettivi non segnalati o detrazioni non spettanti.

L'accertamento con adesione ai fini delle imposte reddituali ha effetto anche ai fini IVA.

L'accertamento officioso delle imposte sui trasferimenti.

L'accertamento officioso delle imposte sui trasferimenti (imposta di registro, sulle successioni e donazioni,invim , ipotecarie e catastali) presenta notevoli differenze rispetto a quello sulle imposte sui redditi o sul IVA. Ciò, solo in parte, dipende dalla disciplina sostanziale di questi tributi, data la loro natura istantanea anziché periodica e l'assunzione a base imponibile del bene venale dei beni o diritti trasferiti, essendo decisive le ragioni storiche: la disciplina in esame ha mantenuto una continuità con i meccanismi di prelievo precedenti alla riforma tributaria e caratterizzati da un esteso intervento dell'amministrazione finanziaria nell'applicazione dei tributi. Anche in questo campo l'applicazione dell'imposta dipende in massima parte dagli adempimenti imposti al contribuente, ma questi sono tenuti a far conoscere all'erario tutti gli elementi del presupposto dell'imponibile necessari per la determinazione delle imposte dovute, non anche a liquidare e versare le imposte stesse come le imposte reddituali e nell'IVA.

L'attività impositiva officiosa delle imposte sui trasferimenti, si esplica pur sempre come determinazione autoritativa del regime dei rapporti tributari, attraverso provvedimenti suscettibili di produrre effetti preclusivi se non tempestivamente impugnati, e aventi comunque l'efficacia di legittimare la successiva azione amministrativa.

I suddetti provvedimenti presentano una notevole varietà di contenuti e di effetti.

In primo luogo, l'attività impositiva si esprime nella qualificazione giuridica degli elementi dichiarati e nella conseguente determinazione e riscossione delle imposte dovute in base agli atti giuridici posti in essere o alle dichiarazioni presentate.

In secondo luogo, gli uffici svolgono controlli su una parte delle risorse dichiarate, ed hanno ovviamente il potere di assoggettare a tassazione quelle occulte o non correttamente dichiarate.

Infine gli uffici hanno ampie possibilità di richiedere ulteriori imposte (suppletive) in seguito alla correzione di errori da essi compiuti in precedente liquidazione, senza incontrare i limiti preclusivi previsti per gli accertamenti modificativi delle basi imponibili delle imposte dirette e nell' IVA.

Tra le forme dell'imposta di registro e di quella sulle successioni(le invim sono state abrogate nel 2001) esistono notevoli differenze. Rimane come carattere comune il fatto che l'applicazione di esse non si può esaurire attraverso l'adempimento degli obblighi del contribuente, consistente nel sottoporre un atto alla registrazione o presentare una dichiarazione previa determinazione della disciplina giuridica applicabile. Ciò non comporta però che esse sfocino in un avviso di liquidazione, questo infatti non avviene nell'imposta di registro, la cui liquidazione è compiuta in modo informale: solo quando non sia pagata o depositata la somma determinata dall'ufficio viene notificato l'avviso di liquidazione.

Nell'imposta di successione, invece, la determinazione del tributo dovuto in base allaa dichiarazione si esprime sempre tramite un avviso di liquidazione.

L'azione di accertamento può in primo luogo esplicarsi nella determinazione dell'imposta dovuta in base al valore venale, se superiore a quello dichiarato nell'atto o al corrispettivo pattuito, nei casi consentiti della legge.

Gli altri profili di rapporto e di imposta conseguentemente dovuta sono determinati per mezzo di atti denominati "avviso di liquidazione". L'autoritatività di tali atti arriva ad abbracciare la determinazione del presupposto. Ad esempio, tramite questi avvisi è esercitata la potestà impositiva in sostituzione del mancato adempimento del contribuente, per l'applicazione dell'imposta principale, in relazione alla registrazione d'ufficio degli atti non presentati per la registrazione, o per l'applicazione di quella complementare, in conseguenza del verificarsi di eventi successivi alla registrazione che avrebbero dovuto essere denunciati, o della scoperta di un'occultazione di corrispettivo, ovvero dell'insussistenza o del venir meno dei presupposti di trattamento agevolato applicato in sede di registrazione.

Tramite avviso di liquidazione possono essere inoltre pretese le imposte suppletive, laddove l'ufficio scopre di aver commesso errori, anche nell'interpretazione della disciplina tributaria. L'oggetto di avvisi di liquidazione può dunque coinvolgere la determinazione del presupposto sia per aspetti di fatto e di diritto, inoltre produce gli effetti dei provvedimenti impositivi, obbligando i soggetti passivi al pagamento delle imposte in esso determinate. In caso di inadempimento legittima l'iscrizione a ruolo, ed è suscettibile di diventare definitivo se non impugnato.

Esso, essendo un atto impositivo, deve contenere l'indicazione dell'organo emanante, del soggetto passivo, la sottoscrizione del funzionario preposto all'ufficio competente, e il dispositivo, cioè l'imposta determinata.

Dovranno essere fornite anche le indicazioni necessarie affinché il contribuente possa controllare la legittimità della determinazione in relazione al contenuto del potere esercitato (imponibile, aliquota), pena la nullità dell'atto.

Quanto ai termini decadenziali per la notifica dell'avviso di liquidazione, l'imposta per gli atti da registrare d'ufficio deve essere richiesta entro cinque anni. Anche ai fini dell'imposta sulle successioni e donazioni, dell'imposta di registro, ipotecaria e catastale, è possibile la definizione dell'accertamento mediante adesione del soggetto passivo. L'iniziativa può essere assunta dall'ufficio, con l'invio a soggetti obbligati di un invito a comparire, ovvero dal contribuente cui sia stato notificato avviso di accertamento, non preceduto dall'invito, che non l'abbia ancora impugnato davanti a commissione tributaria. Nel caso in cui vi siano più soggetti obbligati la presentazione dell'istanza, anche se è fatta da uno solo, sospende per tutti, per 90 giorni, i termini per impugnare l'atto e quelle per la riscossione, e la definizione è efficace pure se è uno solo degli obbligati ad aderirvi (poiché col perfezionamento di essa conseguente al pagamento, la pretesa erariale è soddisfatta).

Sul piano oggettivo la definizione deve riguardare tutti i beni o diritti contenuti nello stesso atto, denuncia o dichiarazione e ha effetto per tutti i tributi dovuti dal contribuente relazione ad essi.

Gli altri tributi: un quadro generale.

Per quanto riguarda i tributi diversi da quelli considerati finora sono previsti modelli applicativi diversi.
Se non è richiesta la dichiarazione o un comportamento equivalente, come nei tributi applicati sul sistema del bollo, l'intervento dell'amministrazione finanziaria è diretto alla scoperta delle fattispecie in cui il tributo sia stato evaso, per cui la dottrina parla di tributi senza imposizionein posizione e di fattispecie dell'evasione (anziché dell'accertamento), per la mancanza di atti degli uffici intesi alla determinazione del dovuto, aggiungendosi che l'attività impositiva non avrebbe carattere autonomo rispetto alla repressione delle violazioni.
Tuttavia anche in questi casi il potere impositivo è meramente eventuale, ad iniziativa di ufficio, scaturisce dall'evasione ed è diretto a consentire la percezione di tributi la cui mancata acquisizione dipende dalla violazione.
Perciò anche per questi tributi ci saranno atti di determinazione e riscossione di imposta, e il problema sarà semmai individuare l'atto cui attribuire natura ed efficacia di provvedimento impositivo.
L'articolo 13 della legge 408 del 90, per le imposte che non rientravano nella giurisdizione delle commissioni tributarie, diverse da quelle di fabbricazione, doganali e dei tributi locali, ha stabilito che, in base al processo verbale di constatazione della direzione viene redatto l'atto di accertamento del tributo evaso e di irrogazione della sanzione, notificato all'interessato assieme al verbale, il cui effetto è dare al contribuente la possibilità di definire la controversia, pagando il contributo accertato , e di legittimare ,in mancanza,l'iscrizione al ruolo. Solo quest'ultima era impugnabile. In seguito all'attribuzione alle Commissioni tributarie della giurisdizione su tutti tributi, a partire dal 2002, anche la disciplina di questi tributi sembra allinearsi con i principi generali: l'atto di accertamento dovrebbe dunque considerarsi autonomamente impugnabile, a pena di decadenza. La suddetta disciplina generale va coordinata con le eventuali specifiche regole dei singoli tributi sulle forme e sui termini per l'esercizio del potere impositivo.

Il modulo applicativo in materia di imposte di fabbricazione e consumo, e delle imposte doganali.

Anche per le imposte che rientrano nella categoria delle accise, l'applicazione si esplica da un lato come controllo eventuale sull'esattezza e fedeltà degli altri soggetti passivi e sui versamenti da essi eseguiti in base alle stesse, dall'altro come determinazione dell'imposta qualora tali obblighi risultino violati, in particolare nel caso di occultamento dei fatti imponibili.
Il nuovo sistema di riscossione di cui all'articolo 14 t.u. 504 del 1995 prevede che le somme dovute siano

riscosse a mezzo ruolo, previa spedizione da parte degli uffici dell'avviso di pagamento. Pertanto si ritiene che la funzione di atto di imposizione e liquidazione della maggiore imposta sia svolta dai suddetti inviti o avvisi di pagamento. Tuttavia va precisato che in questa materia la determinazione degli elementi su cui si fonda l'imposizione, in relazione alle varie situazioni, risulta spesso da atti precedenti (processi verbali di constatazione delle violazioni, provvedimenti con cui si sono risolte le controversie sulla natura delle merci…). Quando nei confronti di tali atti siano dati autonomi rimedi giurisdizionali si può considerare l'avviso di pagamento mero atto consequenziale; quando invece si tratti di atti non impugnabili, con i processi verbali, sarà possibile comunque motivare l'atto impositivo per l'invio agli stessi.
Spesso le violazioni in materia di imposte di fabbricazione configurano illeciti penali: in tali casi l'azione penale determina la sospensione dell'attività impositiva e della decorrenza del termine di prescrizione, e rientrando la controversia d' imposta nella cognizione del giudice penale, la sentenza irrevocabile di questo contiene l'accertamento definitivo del debito d'imposta, sulla base del quale l'ufficio può procedere alla riscossione.
Il termine per l'azione di imposizione è di cinque anni da quando il versamento avrebbe dovuto essere eseguito.
Il meccanismo di imposizione delle imposte doganali presenta particolare complessità, per la molteplicità dei modi in cui si può arrivare alla determinazione dei tributi dovuti: in primo luogo per accertare quantità, qualità, valore e l'origine delle merci e gli altri elementi necessari per l'applicazione del prelievo, l'ufficio procede all'esame della dichiarazione doganale e della documentazione allegata, i cui risultati sono annotati sulla bolletta doganale, con la sottoscrizione del funzionario controllante. Se emergono difformità rispetto la dichiarazione, o il dichiarante non contesta le difformità rilevate, l'accertamento diviene definitivo e sono di conseguenza liquidati i diritti doganali.
Il dichiarante potrà sollevare contestazione, e in ciò ha ampie possibilità di tutela in via amministrativa: può chiedere una visita di controllo del capo dell'ufficio doganale, o in alternativa, o se non ne condivide i risultati, che siano sentiti due periti, dopodiché il capo dell'ufficio doganale deciderà sulla contestazione, con provvedimento motivato. Se il proprietario non accatta tale decisione, deve richiedere entro 10 giorni dalla notifica di essa la redazione di un verbale, e nei 30 giorni successivi a questo presentare istanza affinché la controversia sia risolta dal capo del compartimento doganale, il quale decide con provvedimento motivato, sentito il collegio consultivo compartimentale di periti doganali. Contro la decisione è ammesso ricorso entro 30 giorni dalla notifica della decisione stessa, al ministro delle finanze, la cui decisione comporta la formazione dell'atto di imposizione definitiva.
In questa materia la definitività dell'accertamento non esclude la possibilità di revisionare tale atto, non solo l'ufficio ma anche su richiesta dell'operatore, entro tre anni da quando si è prodotta la suddetta definitività;

inoltre la definitività dell'accertamento della rettifica è condizione per poter agire contro essi entro 60 giorni in sede giurisdizionale. Infine essa è presupposto per l'azione di recupero dei maggiori diritti dovuti.
In base all'articolo 21 decreto legislativo 46 del 1999, non è più necessario un titolo definitivo per l'iscrizione a ruolo dei diritti doganali, utilizzandosi a tal fine "l'avviso di accertamento suppletivo e di rettifica".

L'accertamento di valore delle imposte sui trasferimenti.

Nell'imposta di registro l'accertamento di maggior valore ha la funzione di determinare il valore venale di immobili o aziende, se superiore a quello dichiarato in atto o al corrispettivo; l'ipotesi in cui è ammesso sono tassative.
L'atto di accertamento di liquidazione deve descrivere ciascun bene oggetto di valutazione, indicando il valore attribuito ad esso e gli elementi in base ai quali è stato determinato; devono inoltre risultare le aliquote applicate e il calcolo della maggiore imposta, nonché quella dovuta in caso di ricorso. A pena nullità, devono essere indicati i presupposti di fatto e le ragioni di diritto che hanno determinato l'accertamento, ed allegati o riprodotti nel contenuto essenziale gli altri atti cui faccia riferimento.
È nullo l'atto la cui motivazione non determina l'ambito delle ragioni riducibili dall'ufficio in fase contenziosa e che non consente al contribuente l'esercizio dei diritti di difesa.
A carico dell'amministrazione finanziaria permane l'onere di provare in giudizio la sussistenza di circostanze che giustificano il quantum accertato, rimanendo nell'ambito del parametro prescelto, mentre il contribuente potrà dimostrare l'infondatezza di una pretesa tributaria anche riferendosi ad altri criteri.
Il termine di decadenza per la notifica dell'avviso è di due anni dal pagamento dell'imposta principale, per l'imposta di successione, dalla notifica della relativa liquidazione.
Il legislatore esclude l'accertamento quando i soggetti passivi indichino valori legalmente sufficienti.

Il modulo applicativo dei tributi locali.

La disciplina più recente dei tributi locali è simile al modello delle imposte reddituali: da un lato sono imposti ai contribuenti obblighi di autoliquidazione e versamento, dall'altro se i controlli eventuali danno risultati positivi, il potere impositivo si esplica mediante avvisi di accertamento motivati, in rettifica delle dichiarazioni o d'ufficio. Per alcune imposte è indistintamente previsto un controllo formale delle dichiarazioni e dei versamenti, sulla base degli elementi da esse desumibili, con il potere di correggere errori materiali e di calcolo; tale controllo formale può dar luogo ad un avviso di liquidazione motivato. Riguardo alla competenza, nella disciplina di ciascun tributo è prevista la designazione di un funzionario, cui sono attribuiti poteri relativi alla gestione di esso e aspetta sottoscrivere gli accertamenti, ovvero l'affidamento del servizio, con le suddette attribuzioni, ad un concessionario. Questo quadro può essere soggetto a variazioni anche significative nei singoli enti locali, vista l'ampia potestà regolamentare attribuita ad essi.

Capitolo XVI. Metodi di determinazione dell'imponibile.

Premessa.

L'l'imponibile (o parametro) è quella grandezza alla quale va ragguagliato il tasso (o aliquota) al fine di ottenere l'ammontare del debito da assolvere (liquidazione dell'importo). In alcuni casi la determinazione dell'imponibile richiede operazioni estimative complesse, che implicano l'applicazione di metodi determinativi basati sull'utilizzo di prove presuntive assolute, relative o semplici.

I due metodi di calcolo dell'imponibile del Irpef (ora Ire) :

1. Metodo analitico.

Nell' Irpef l'imponibile è il reddito complessivo netto. Questo è costituito dalla sommatoria dei redditi delle diverse categorie previste dalla legge in quanto posseduti dal contribuente (redditi fondiari, di capitali, di lavoro dipendente, di lavoro autonomo, redditi d'impresa, redditi diversi), determinati in base alle peculiari regole dettate in relazione a ciascuna categoria e dalla sottrazione degli oneri deducibili.

Tanto il contribuente in sede di dichiarazione quanto l'ufficio in ipotesi della di rettifica della dichiarazione o di accertamento d'ufficio, devono calcolare le somme con metodo analitico(ossia ex art.38 d.p.r. 600 del 1973); in particolare l'ufficio ha il potere di rettificare le dichiarazioni presentate quando il reddito complessivo dichiarato risulta inferiore a quello effettivo o quando non abbiano ragione d'essere le deduzioni dal reddito o le detrazioni d'imposta indicata nella dichiarazione.

L'incompletezza, la falsità e l'inesattezza dei dati possono essere desunte ,oltre che dalla stessa dichiarazione, dal confronto con quelle negli anni precedenti, dai dati e dalle notizie comunque raccolti dall'ufficio, anche sulla base di presunzioni semplici, purché assistite dai requisiti di gravità, precisione concordanza di cui all'articolo 2729 codice civile.

La determinazione analitica presuppone la conoscenza, da parte dell'ufficio impositore, della fonte di reddito che è stato occultato o erroneamente indicato dal contribuente, e la conseguente possibilità di integrare in modo specifico la dichiarazione recuperando a tassazione o disconoscendo la spettanza di una deduzione dal reddito di cui difettano i relativi presupposti.

Il metodo analitico tende a determinare il reddito complessivo netto del contribuente nella sua affettività .A comporre il reddito complessivo lordo possano entrare redditi che effettivi non sono. Quindi anche il reddito complessivo netto calcolato analiticamente può non essere effettivo in qualche suo componente.

2. Metodo sintetico (o per semplici presunzioni) e il redditometro: reddito prodotto e reddito consumato.

Con il metodo sintetico il reddito del contribuente viene determinato prescindendo dall'individuazione della specifica fonte produttiva, sulla base della valenza induttiva di elementi e circostanze di fatto certi, segnaletici dell'esistenza di redditi occultati . Esso si fonda sul presupposto logico secondo cui il sostenimento di una spesa, sia essa causata dalla disponibilità di determinati beni o servizi, ovvero destinata ad incrementare durevolmente il patrimonio del contribuente, costituisce indice presuntivo, fino a prova contraria, dell'esistenza di un reddito idoneo a consentire la spesa medesima.

Il ricorso a questo tipo di determinazione è subordinato alla sussistenza di due presupposti: a) che il reddito complessivo netto sinteticamente accertabile si discosti per almeno un quarto da quello dichiarato; b) che tale incongruità si manifesti per almeno due periodi d'imposta.

Il contribuente può dimostrare, anche prima della notifica dell'avviso di accertamento, che il maggior reddito determinato o determinabile sinteticamente è costituito in tutto in parte da redditi esenti o soggetti a ritenuta alla fonte a titolo d'imposta (ossia da redditi che non devono essere tassati mediante la dichiarazione), ovvero da smobilizzi patrimoniali. L'entità di tali redditi esenti e la durata del loro possesso devono risultare da idonea documentazione.

Il metodo sintetico è un sistema di calcolo posto a favore dell'ufficio ed è fondato su presunzioni semplici, le quali devono essere connotate di gravità, precisione e concordanza ex articolo 2729 codice civile.

Con riferimento ai fatti indice di spesa per l'utilizzo o il mantenimento di beni o servizi, il ministero delle finanze ha emanato un decreto detto redditometro (aggiornato in funzione della svalutazione monetaria) volto a quantificare a priori la capacità di spesa connessa alla disponibilità di tali beni servizi, e quindi a rinvenire, attraverso un meccanismo di automatica applicazione, al presumibile reddito attribuibile al contribuente. Tali indici sono: disponibilità di aeromobili, navi e imbarcazioni da diporto, autoveicoli e altri mezzi di trasporto a motore oltre i 250 cc., roulotte, cavalli da equitazione e la corsa, residenze principali secondarie, collaboratori familiari, assicurazioni. Il redditometro ha efficacia vincolante nei confronti degli uffici accertatori; non è vincolante per il contribuente (che deve motivare il suo dissenso dalle predeterminazione racchiuse nel redditometro ministeriale), per il giudice tributario (che ha poteri discrezionali).

Con riferimento alle spese per incrementi patrimoniali, il legislatore ha statuito che si presumono sostenute, salvo prova contraria, con redditi conseguiti, in quote costanti, nell'anno in cui sono state effettuate e nei cinque anni precedenti. Si tratta di una presunzione legale e relativa in relazione alla quale l'onere di fornire prova contraria è a carico del contribuente.

Gli uffici possono in ogni caso utilizzare anche indici diversi da quelli appartenenti alle due categorie anzidette (considerando ad esempio le spese per effettuare viaggi costosi). Lo strumento del metodo sintetico attivato con indici atipici va usato con particolare cautela, onde evitare che si pervenga risultati che non hanno a che fare con l'effettivo reddito prodotto dal contribuente.

I redditi d'IMPRESA e di lavoro autonomo, in relazione ai quali sussiste l'obbligo di tenuta della contabilità: i metodi di determinazione contabile, extracontabile e misto.

Per i redditi di impresa e per i redditi di lavoro autonomo sussiste l'obbligo di tenuta delle scritture contabili. In relazione a tali redditi il contribuente deve specificare gli elementi attivi e passivi dalla cui somma algebrica scaturiscono i valori che concorrono a formare l'imponibile complessivo.

Nell'ordinamento attuale a fiscalità di massa, il sistema ruota sul principio dell'autocalcolo dell'imponibile e della liquidazione dell'imposta, sicché anche nell'ambito dei redditi di impresa e di lavoro autonomo la maggior parte dei rapporti si consolida sul fondamento della dichiarazione del contribuente. L'ufficio può rettificare in aumento l'imponibile esposto alla dichiarazione con diversi metodi:

a) metodo analitico-contabile: la rettifica dei dati dichiarati viene effettuata sulla base delle scritture contabili, le cui risultanze possono essere smentite solo sulla base di prove dirette ovvero di presunzioni gravi, precise e concordanti;

b) metodo induttivo o extra contabile: il reddito viene determinato in via indiziaria, prescindendo in tutto o in parte dalle risultanze della contabilità e con facoltà di far ricorso anche a presunzioni non gravi, non precise e non concordanti;

c) metodo misto: la determinazione del reddito è sempre effettuata nell'ambito delle risultanze della contabilità, ma con ricostruzione induttiva di singoli elementi attivi e passivi, di cui risulti provata la mancanza o inesattezza.

Ai fini della quantificazione del reddito d'impresa, nel metodo analitico-contabile l'attività dell'ufficio si sostanzia nella verifica della corretta applicazione delle norme che regolano la determinazione del reddito, con conseguente recupero a tassazione o di partite passive che si ritengono erroneamente portate in detrazione, ovvero di partite attive che risultano ingiustificati a mente sottratte a imposizione.

La legge prevede quattro diverse fattispecie di applicazione, da parte dell'ufficio, del metodo di rettifica analitico-contabile del reddito delle imprese:

- gli elementi indicati nella dichiarazione analitica non corrispondono a quelli del bilancio o del conto dei profitti e delle perdite;
- se non sono state esattamente applicate le disposizioni che regolano la determinazione del reddito d'impresa (ad esempio sono stati finanziati gli ammortamenti);

- se l'incompletezza, la falsità o l'inesattezza degli elementi indicati nella dichiarazione e nei relativi allegati risulta in modo certo e diretto dai verbali e dai questionari compilati in occasione dell'attività istruttoria espletata dall'ufficio;
- se l'incompletezza, la falsità o l'inesattezza degli elementi indicati dalla dichiarazione e nei relativi allegati risulta dall'ispezione delle scritture contabili ed altre verifiche ovvero dal controllo della completezza, esattezza e veridicità delle registrazioni contabili sulla scorta di fatture e degli altri atti documenti relativi all'impresa nonché dei dati e notizie raccolti dall'ufficio. L'esistenza di attività non dichiarate o l'inesistenza di passività dichiarate e desumibile anche sulla base di presunzioni semplici purché queste siano gravi, precise concordanti. Siamo perciò in presenza di un metodo misto.

In base all'articolo 62 sexies decreto legge 331 del 1993 l'esistenza di gravi incongruenze tra i dati esposti al contribuente e quelli desumibili dagli studi di settore viene a costituire il presupposto sufficiente per disattendere le risultanze delle scritture contabili, per quanto correttamente tenute. Le incongruenze devono essere numerose, gravi ed univoche. Tale rettifica non coinvolge singole appostazioni attive e passive, ma la globalità del reddito d'impresa dichiarato dal contribuente(questo metodo misto è stato trasformato in globale).

<u>Il metodo induttivo globale o extracontabile.</u>

Il metodo induttivo (o sintetico) di qualificazione del reddito d'impresa si caratterizza per il fatto che il reddito viene determinato nella sua globalità non in base al bilancio, ma al di fuori del bilancio. Per questo motivo viene comunemente denominato anche metodo extra contabile.

In base al secondo comma dell'articolo 39 i presupposti che legittimano il ricorso a tale metodo sono:

1) che il reddito d'impresa non sia stato indicato nella dichiarazione;

2) che alla dichiarazione non sia stato allegato il bilancio con il conto dei profitti e delle perdite;

3) che da tale verbale d'ispezione risulti la mancata tenuta o la sottrazione all'ispezione di una o più scritture contabili obbligatorie ovvero l'indisponibilità del scritture medesime per cause di forza maggiore;

4) che le omissioni o le false indicazioni delle scritture contabili risultanti dal verbale siano così gravi, numerose e ripetute da rendere inattendibili le scritture stesse;

5) che il contribuente non abbia dato seguito agli inviti dell'ufficio di esibire o trasmettere documenti rilevanti ai fini dell'accertamento.

Ricorrendo uno di questi presupposti, l'ufficio può:

a)prescindere in tutto o in parte dalle risultanze del bilancio e delle scritture contabili;

b)utilizzare presunzioni semplici non qualificate, ossia non assistite dai requisiti di gravità, precisione concordanza;

c)utilizzare dati e notizie comunque raccolte.

Il meccanismo induttivo non rende l'ufficio arbitro assoluto e incondizionato dell'esistenza e della quantificazione del reddito, la cui determinazione va comunque ancorata a fatti certi o elementi e circostanze da cui derivino presunzioni che siano quantomeno ragionevoli. Insomma, pur essendo vero che l'ufficio gode di una notevole discrezionalità ai fini della determinazione del reddito, potendo calcolare i ricavi in base ad indici indiretti (manodopera impiegata, consumi di materie prime...) è pur vero che tali calcoli devono rendere comunque alla ricostruzione dell'effettiva situazione economica. Tuttavia, per il modo in cui è strutturato, tale metodo consente di calcolare un reddito medio, ma non effettivo.

La determinazione dei redditi delle imprese minori (e medi) e delle società non operative.

Per i contribuenti con volumi di affare inferiori a determinate soglie il legislatore prevede metodi particolari di determinazione del reddito, su base induttiva, e che si avvalgono anche negli studi di settore(gli studi di settore esprimono, attraverso l'impiego di strumentazione statistico-probabilistica, la congruità, la coerenza e la definizione di ricavi o di compensi minimi e puntuali).

Più specificamente hanno individuare, grazie alla concreta possibilità di utilizzazione gli studi di settore ai fini dell'accertamento fiscale,4 categorie di contribuenti :

A. Soggetti in regime di contabilità semplificata.

Nei loro confronti gli studi di settore trovano applicazione senza alcuna limitazione (e senza dover preventivamente eseguire accessi o ispezioni). L'indicazione nella dichiarazione dei redditi dell'ammontare dei ricavi inferiore a quello derivante dall'applicazione degli studi di settore comporta l'emissione di un avviso di accertamento fondato sullo studio relativo alla categoria economica di appartenenza. L'agenzia delle entrate procede in questo caso alla notifica di un accertamento parziale.

B. Soggetti in regime di contabilità ordinaria con ricavi o compensi superiori a 5.164.169 o al diverso, inferiore limite, fissato per ciascun settore dall'apposito studio.

Nei loro confronti si applicano le regole ordinarie che disciplinano l'accertamento fiscale (non si applicano gli studi di settore).

C. Sogetti in contabilità ordinaria con ricavi o compensi rientranti nel limite per l'applicazione degli studi (euro 7,5 milioni o valore inferiore qualora fissato dall'apposito studio).

Per questi soggetti a partire dal periodo di imposta in corso al 31 dicembre 2004 l' accertamento in base agli studi di settore trova applicazione quando in almeno due periodi d'imposta su tre consecutivi considerati, compreso quello da accertare, l'ammontare dei ricavi o dei compensi determinabili sulla base degli studi risulta superiore all'ammontare dei ricavi o dei compensi dichiarati negli stessi periodi d'imposta.

L'accertamento in base agli studi di settore può essere effettuato anche laddove emergano significative situazioni di incoerenza rispetto ad indici di natura economica, finanziaria e patrimoniale, da individuare con provvedimento del direttore dell'agenzia delle entrate.

Per i soggetti in esame l'accertamento in base a studi di settore può essere inoltre eseguito quando da un verbale di ispezione risulta motivata l' inattendibilità della contabilità in presenza di gravi contraddizioni o irregolarità delle scritture obbligatorie ovvero tra esse i dati e gli elementi direttamente rilevati in base ai criteri stabiliti col d.p.r. 570 del 1996 (irregolarità delle scritture obbligatorie, contraddizioni tra scritture obbligatorie e i dati e gli elementi direttamente rilevati).

D. Soggetti in regime di contabilità ordinaria per effetto di opposizione ed esercenti arti e professioni.

Si applicano le disposizioni del punto precedente.

E. Disciplina per i soggetti indicati sub C. e D. a partire dal periodo d'imposta per il quale il termine per la presentazione della dichiarazione scade dopo il 4 luglio 2006.

Con tale disciplina l'articolo 37, commi 2 e 3, del decreto 223 del 2006, convertito nella legge 248 del 2006 dispone l'abrogazione di commi 2.e 3 dell'articolo 10 della legge 146 del 1998, che reca disposizioni in materia di accertamento sulla base degli studi di settore. Con l'abrogazione delle norme citate, per sottoporre ad accertamento i contribuenti interessati (titolari di reddito di impresa e di lavoro autonomo prescindendo dal regime di contabilità adottato) è sufficiente che gli stessi non risultino compri anche per una sola annualità rispetto agli studi di settore.

I metodi di calcolo dell'imponibile previsti dalla legge sull'IVA.

Anche in relazione all'IVA sono previsti due metodi principali-analitico e induttivo-ed un metodo misto, risultante dalla combinazione dei primi due.

Anche in tale settore impositivo il metro analitico di calcolo dell'imponibile presuppone o la dichiarazione di Iva analitica o che la rettifica della dichiarazione avvenga sulla base di dati ed elementi desunti dalla stessa dichiarazione del soggetto ovvero dalla sua contabilità. L'ufficio procede all'applicazione del sistema analitico se l'infedeltà, l'incompletezza o l'inesattezza della dichiarazione emerge direttamente dal contenuto della stessa, o dal contenuto con le liquidazioni periodiche o con le precedenti dichiarazioni.

Il metodo induttivo determina in modo presuntivo, prescindendo completamente dalle risultanze contabili, l'ammontare imponibile complessivo e l'aliquota applicabile sulla base di dati e delle notizie comunque raccolti e venuti a conoscenza dell'ufficio, comportandosi in detrazione i soli versamenti eventualmente eseguiti dal soggetto e le imposte detraibili risultanti dalle liquidazioni periodiche. Anche ai fini IVA tale metodo può essere utilizzato solo in caso di omessa presentazione della dichiarazione, di omessa tenuta o sottrazione all'ispezione di scritture contabili obbligatorie, in caso di omissioni, irregolarità o inesattezze così gravi, numerose e ripetute da rendere inattendibile la contabilità.

Il metodo misto si applica se l'infedeltà, l'inesattezza o l'incompletezza della dichiarazione è desunta indirettamente in applicazione delle presunzioni legali di acquisto e di cessione o anche di presunzioni semplici, e gravi, precise e concordanti.

La determinazione dell'imponibile è ancorata alle risultanze delle registrazioni contabili e la rettifica concerne i singoli corrispettivi relativi ad operazioni imponibili non dichiarati e non risultanti dalla contabilità del soggetto.

Anche per l'Iva si assiste ad un progressivo ampliamento dell'ambito di applicazione del metodo induttivo e ciò è avvenuto sia con la previsione, per le imprese minori e professionisti in contabilità semplificata di metodi di quantificazione basati coefficienti presuntivi di compensi, corrispettivi e volumi di affare, sia con l'estensione dei presupposti di applicabilità del metodo induttivo di rettifica: la ricostruzione dell'imponibile,ex art 62 sexies decreto legge 331 del 1993, può essere fondata anche sull'esistenza di gravi incongruenze tra i ricavi, i compensi e i corrispettivi dichiarati e quelli fondamentalmente desumibili dalle caratteristiche ed alle condizioni di esercizio della specifica attività svolta, ovvero dagli studi di settore.

I redditi fondiari e il metodo catastale.

I redditi fondiari (redditi dominicali dei terreni, redditi agrari e redditi dei fabbricati) sono determinati in base alle risultanze catastali. Il catasto è una sorta di inventario in cui vengono descritti gli mobili esistenti nel territorio dello Stato, con l'indicazione dei relativi proprietari e l'attribuzione del relativo reddito.

L'unità elementare del catasto è costituita, per i terreni dalla particella catastale ,e per gli immobili dall'unità immobiliare. Ad ogni unità catastale corrisponde la relativa rendita, rilevante ai fini dell'applicazione delle imposte sui redditi. A tal fine si considera il reddito medio ordinario e ritraibile in condizioni normali da tutti i terreni e da tutti i fabbricati che appartengono alla medesima qualità, categoria e classe, al netto di particolari detrazioni ammesse dalla legge.

La formazione del catasto consta di due operazioni: la stima (si rileva la figura e l'estensione delle singole proprietà e delle diverse particelle catastali, rappresentate mediante mappe planimetriche collegate punti econometrici) e la stima (procedimento attraverso il quale si perviene alla formazione della rendita e alla sua attribuzione alla singola unità catastale). Quest'ultima consta di quattro fasi: qualificazione, classificazione formazione delle tariffe e classamento.

Con procedimento analogo si perviene all'attribuzione delle rendite catastali alle singole unità immobiliari urbane, per ognuno dei quali viene determinata la categoria e nell'ambito della categoria la classe di appartenenza.

I metodi di determinazione dell'imponibile (valore del bene o dei beni trasferiti) delle imposte sui trasferimenti (imposta di registro, imposta sulle successioni e donazioni).

In materia di imposta di registro l'ufficio non può di norma sottoporre a giudizio di congruità il valore dichiarato dalle parti nell'atto di trasferimento di beni o diritti presentato per la registrazione, ossia non può sostituire alla valutazione operata dai contraenti una propria diversa valutazione ritenuta maggiormente corrispondente ai valori correnti in comune commercio (valore venale).

Tuttavia l'ufficio può rettificare il valore dichiarato dalle parti qualora possa dimostrare che le stesse hanno indicato nell'atto, allo scopo di evadere in parte il tributo,un corrispettivo inferiore a quello effettivamente pattuito (occultazione di corrispettivo) ;vi sono però alcune deroghe alla regola generale: per gli atti che hanno ad oggetto beni immobili o diritti reali immobiliari, ovvero aziende o diritti reali su di esse, la base imponibile del tributo è costituita dal valore venale in comune commercio(o valore di mercato)del bene o di trasferito, ed è a tale valore che va commisurata l'imposta anche se il valore dichiarato nell'atto esprime il corrispettivo effettivamente pattuito.

Con il Testo Unico del 1986 si è introdotto, con riferimento agli immobili iscritti in catasto con attribuzione di rendita, il principio della valutazione automatica, in virtù del quale il valore o il corrispettivo del cespite indicato nell'atto non può essere sottoposto a rettifica allorché non sia inferiore a quello risultante dalla capitalizzazione dei redditi catastali secondo determinanti parametri moltiplicatori. Con riferimento agli atti di trasferimento aventi ad oggetto aziende o diritti reali su di esse l'ufficio controlla il valore complessivo dei beni che compongono l'azienda, incluso l'avviamento, al netto delle passività risultanti dalle scritture contabili obbligatorie aventi data certa.

I metodi di determinazione della base imponibile delle imposte doganali, in alcune imposte straordinarie e nell' Ici.

Sono soggette ai dazi doganali le merci dichiarate per l'importazione, ossia destinate al consumo entro il territorio doganale. A tal fine occorre in primo luogo individuare la voce di classificazione doganale della singola merce secondo la tariffa doganale comunitaria. Una volta individuata la voce, la base imponibile su cui applicare l'aliquota è costituita dal valore di transazione, che si identifica col prezzo effettivamente pagato o da pagare da parte del compratore. La valutazione delle merci da importare deve essere fatta riferendosi al prezzo di fattura. Solo se ciò non può essere fatto, occorre ricorrere a criteri sostituitivi (valore di merci identiche, valore di merci simili, valore desunto dalla vendita nel paese d'importazione delle merci importate o di merci simili.

Le imposte straordinarie hanno fatto ricorso a molteplici criteri per la determinazione della base imponibile.

Per quanto riguarda l'Ici troviamo tre metodi per la quantificazione del parametro cui va commisurata l'aliquota:

-per i fabbricati nelle categorie A,B,C,D vale il criterio della capitalizzazione della rendita in base a determinati moltiplicatori;

-per le unità immobiliari classificabili nel gruppo catastale D, non iscritti in catasto, interamente posseduti da imprese e distintamente contabilizzati, opera il criterio della rivalutazione del costo storico, al lordo degli ammortamenti, in base a coefficienti soggetti ad aggiornamento con decreto ministeriale;

-per le aree fabbricabili la base imponibile è determinata con riferimento al valore venale in comune commercio.

CAPITOLO XVII. LA RISCOSSIONE DELLE IMPOSTE.

Sezione I. Profili generali del sistema e proposte di riforma.

Lineamenti del sistema esattoriale.

La materia della ha formato oggetto di una radicale riforma con la legge delegata 43 del 1988.

Con essa:

a) è stata soppressa l'ingiunzione fiscale, affidando al concessionario la riscossione coattiva, mediante ruolo, nella quasi totalità dei tributi indiretti (IVA, imposta di registro, imposte ipotecarie e catastali, imposta sulle successioni e donazioni, imposte di fabbricazione...);

b) alla figura dell'esattore è stata sostituita quella del concessionario, cui veniva devoluta la gestione della riscossione sulla base di concessione amministrativa;

c) una riduzione del numero degli ambiti territoriali;

d) un nuovo sistema di remunerazione dei concessionari, la quale si componeva:

1) di una commissione per i versamenti diretti fissata in percentuale le somme riscosse, con un minimo ed un massimo prestabiliti;

2) di un compenso fissato in percentuale alle somme riscosse, con importo minimo e massimo prestabiliti,e per i pagamenti spontanei eseguiti dopo la notifica della cartella esattoriale e prima della notifica dell'avviso di mora;

3) di un compenso fissato in percentuale delle somme riscosse coattivamente.

In attuazione della delega il governo ha emanato tre decreti legislativi :

1-decreto legislativo 37 del 1999 -veniva eliminato l'obbligo del non riscosso per riscosso;

2-decreto 46 del 1999: a) generalizzava l'impiego del ruolo come strumento di riscossione coattiva per tutte le entrate, tributarie e extratributarie, dello stato e degli Enti Pubblici istituzionali. b) inoltre ridisciplinava il procedimento di formazione e le caratteristiche di ruoli; c) infine sottoponeva a completa revisione della normativa relativa alla riscossione coattiva, nonché i rapporti tra esecuzione esattoriale e fallimento;

3-il decreto legislativo 112 del 1999: a) rideterminava i requisiti di concessionari. b) la prevedeva l'obbligo di cessionari di dotarsi di sistemi informatici in grado di collegarsi con la legge rete unitaria della pubblica amministrazione. c) attribuiva ai concessionari il potere d'accesso agli uffici pubblici e all'informazione dell'anagrafe tributaria d) nuovi criteri di determinazione dei compensi di cessionari. e) sottoponeva i concessionari a controlli della guardia di finanza f) revisionava il sistema delle sanzioni per le violazioni di concessionari.

Il conto fiscale e la compensazione.

Gli imprenditori e lavoratori autonomi sono titolari di un conto fiscale acceso presso il concessionario di riscossione, nel quale affluiscono i versamenti ed i rimborsi relativi alle imposte sul reddito, alle ritenute d'acconto, all'Irap e all'Iva.

Il concessionario deve inviare annualmente ai contribuenti un estratto conto con l'indicazione delle singole movimentazioni di conto fiscale.

In Italia la compensazione come mezzo di estinzione dell'obbligazione tributaria, è ammessa soltanto nei casi espressamente previsti dalla legge.

In un primo tempo era prevista soltanto la compensazione verticale nell'ambito di ciascuna imposta (era ammesso il riporto in avanti del credito di imposta a compensazione del debito del successivo periodo di imposta riguardante il medesimo tributo); successivamente si era ammessa anche la compensazione orizzontale nell'ambito delle imposte sul reddito (il credito Irpef o Irpeg poteva essere compensato col debito ILOR e viceversa, e la compensazione era consentita non solo con i saldi ma anche con gli acconti); inoltre la compensazione orizzontale e verticale è stata estesa per i soggetti titolari di partita IVA; infine il decreto legislativo 422 del 1998 ha esteso il sistema dei versamenti unitari con compensazione a tutti i contribuenti titolari e non titolari di partita IVA, società di persone e società di capitali.

La principale regola della compensazione è che tutto ciò che si deve pagare mediante il modulo di versamento unificato (F24) può essere oggetto di compensazione con i crediti spettanti al contribuente, sia che si tratti di crediti risultanti dalla dichiarazione annuale, sia che si tratti di crediti spettanti ad altro titolo.

La riscossione coattiva dei tributi. Individuazione delle ragioni che spiegano l'attribuzione in esclusiva di tale funzione concessionari e fino al 1988 agli esattori.

L'art. 67 d.p.r.43 del 1988 ha devoluto ai concessionari la riscossione coattiva delle tasse e delle imposte indirette, nonché delle sanzioni pecuniarie, accessorie e penalità relative ai predetti tributi.

L'articolo 68 ha conferito ai concessionari anche la funzione di procedere alla riscossione coattiva dei tributi locali e l'articolo 69 quella dei canoni, proventi ed accessori derivanti dall'utilizzazione dei beni del demanio pubblico e del patrimonio indisponibile dello Stato, nonché, previo accordo con gli interessati, di altre entrate pubbliche.

L'articolo 7 del decreto legislativo 237 al 1997 ha ulteriormente ampliato la sefra delle entrate, ricomprendendoli anche l'imposta di bollo e quella sugli spettacoli.

L'articolo 17 del decreto legislativo 46 del 1999 ha generalizzato l'impiego del ruolo della riscossione coattiva delle entrate dello Stato e degli altri enti pubblici, anche previdenziali, disponendo tuttavia la facoltà di ricorso alla riscossione tramite ruolo per gli enti locali. Le ragioni a favore dell'estensione della funzione del concessionario anche alla funzione coattiva di ogni altra entrata pubblica presente e futura attengono principalmente al Know how e alla perizia organizzativa acquisita da tali soggetti nel corso di una secolare esperienza nel campo delle riscossioni forzate. In passato, la riscossione tributaria in base ai ruoli ha dimostrato grande efficienza, grazie alla combinazione di tre istituti:

1. l'obbligo del non riscosso per riscosso, che costringeva l'esattore a versare le somme a ruolo alle prescritte scadenze anche se non l'avesse ancora riscosse. L'insolvenza e l'irreperibilità dei contribuenti erano a carico degli enti titolari del credito a ruolo e non dell'esattore, il quale poteva ottenere il rimborso delle imposte da lui anticipate laddove dimostrasse di non aver potuto riscuotere dai contribuenti;

2. il rimborso postergato delle quote inesigibili, per quale su di esse all'esattore non spettavano né interessi né aggio. Questa doppia caratteristica consentiva al sistema una ineguagliabile efficienza poiché: a) il rischio di perdita del rimborso della quota inesigibile per difettoso svolgimento dell'esecuzione costringeva il titolare dell'esattoria ad organizzare una continua ed attiva vigilanza sull'operato dei propri dipendenti al fine di scongiurare che un loro errore potesse pregiudicare la sorte del rimborso del credito, si inesigibile; b) la disciplina del rimborso della quota inesigibile costringeva l'incolpevole esattore a subire la doppia sanzione o la doppia iattura della perdita dell'aggio e della restituzione della somma anticipata di stanza di anni e senza interessi. Per cui, per l'esattore a livelli minimi le quote inesigibili diventava un'esigenza così un'esigenza fondamentale;

3. il rito privilegiato dell'esecuzione affidata al concessionario - l'efficienza del sistema esattoriale era accresciuta dalla speciale forma di esecuzione forzata promossa dall'esattore, nella quale l'intervento dell'autorità giudiziaria era relegato alla sua fase attiva e in specie alla distribuzione del ricavato tra i creditori.

Il sistema è stato però rovesciato dalla legge di delega 337 del 1998 che ha previsto. a) l'eliminazione del secolare principio del non riscosso come riscosso gravante sui concessionari. b) la revisione delle attuali procedure volte al riconoscimento dell'esigibilità delle somme iscritte a ruolo, con previsione di meccanismidi discarico automatico.

Trasferimento all'agenzia delle entrate del sistema di affidamento in concessione del servizio nazionale della discussione: la nascita di Equitalia, già Riscossioni spa.

Il D.L. 203 del 2005 prevedere che le funzioni attualmente svolte dalle società concessionaria del servizio di riscossione siano trasferite all'agenzia delle entrate, che le eserciterà mediante la società di Riscossione spa, già costituita dalla stessa agenzia per una partecipazione al capitale del 51% e dal Inps con una partecipazione del 49%..

Questa soluzione è stata adottata sia per poter fruire degli standard di efficienza e di produttività dei due soci costituenti, sia per unificare in capo ad un solo soggetto l'attività esercitata da 42 concessionari, sia per saldare la fase dell'accertamento con quella di riscossione. È auspicato che la riforma:

-renderà più coordinata la fase di accertamento del credito e quella dell'esazione;

-comporterà notevoli risparmi nei costi della vigilanza che l'amministrazione era tenuta ad esercitare sui concessionari;

-porterà alla riduzione del attualmente altissima inesigibilità dei crediti a ruolo: a tal fine la nuova società può avvalersi della collaborazione della guardia di finanza.

I poteri di indagine e di informazioni dei concessionari.

Prima della riforma del 1998 l'efficienza del sistema di riscossione coattiva risultava ostacolata dallo scollamento tra il soggetto cui spettavano i poteri di polizia tributaria (cioè vari organi dell'amministrazione finanziaria), e il soggetto legittimato all'esazione (cioè il concessionario).

L' art. 1 della legge 337 del 1998 ha previsto:

-l'accesso dei concessionari, con le opportune cartelle e garanzie, alle informazioni disponibili presso l'anagrafe tributaria, con l'obbligo di utilizzazione delle stesse ai soli fini dell'espletamento delle procedure esecutive;

-l'accesso dei concessionari anche in via telematica, agli uffici pubblici con facoltà di prendere visione ed estrarre copia degli atti riguardanti i debiti iscritti a ruolo;

-l'obbligo dei concessionari di utilizzare sistemi informativi collegati tra loro.

Il D.L. 223 del 2006 ha esteso ai dipendenti della riscossione spa e delle società partecipate dalla stessa la possibilità di utilizzare i dati di cui l'agenzia delle entrate dispone, riguardanti i soggetti che intrattengono rapporti con le banche e gli altri intermediari finanziari o che effettuano, anche a nome di terzi, operazioni di una finanziaria. Ai fini della riscossione mediante ruolo, gli agenti della riscossione possono accedere a tutti detengono, con facoltà di prenderne visione e di estrarre copia degli atti riguardanti i predetti dati, nonché di ottenere in carta libera le relative certificazioni.

La legge 286 del 2006 ha introdotto alcune misure atte ad assicurare un esito favorevole all'azione esecutiva del credito erariale:

Questa norma ha introdotto per le amministrazioni pubbliche e le società a prevalente partecipazione pubblica l' obbligo di verificare prima di effettuare a qualunque titolo il pagamento di importi superiori a 10000 euro se il beneficiario sia inadempiente rispetto a cartelle di pagamento per un ammontare complessivo pari almeno almeno a tale importo imponendo in tal caso il divieto di procedere al pagamento e l'obbligo di segnalare la circostanza all'agente della riscossione competente per territorio ai fini dell' esercizio dell' attività di riscossione delle somme iscritte al ruolo.

L' art 2 comma 6 della stesso decreto legge ha attribuito al concessionario può procedere al pignoramento dei crediti del debitore presso terzi, prevedendo che l'atto di pignoramento possa contenere l'ordine al terzo di pagare il credito direttamente al concessionario.

SEZIONE II. L'ADEMPIMENTO SPONTANEO.

La tipicità della riscossione.

La riscossione dei tributi obbedisce al principio di tipicità: l'ente impositore deve procedere a riscuotere le imposte tramite gli atti previsti dalla legge e nelle forme da essa stabilite; a sua volta il contribuente può adempire con effetto liberatorio solo con l'osservanza delle modalità stabilite dalla legge.

Il sistema della riscossione assume diverse caratterizzazioni a seconda dei settori impositivi:

a) in materia di imposta sul reddito la legge prevede tre modalità di riscossione spontanea (la ritenuta diretta, il versamento diretto, l'iscrizione a ruolo);

b) in tema di imposte indirette della riscossione spontanea dell'imposta avviene tramite versamento diretto.

Per entrambi i settori la riscossione coattiva si fonda di solito sul ruolo che, confezionato dai rispettivi uffici impositori e vistato dalla direzione regionale, è affidata al concessionario del servizio di riscossione.

La riscossione delle imposte reddituali: la ritenuta diretta.

1) La ritenuta diretta è una forma di riscossione che riguarda le imposte sul reddito e si ha quando le amministrazioni statali corrispondono compensi o altre somme con il diritto decurtarle di un certo importo da trasferire alla tesoreria di uno Stato secondo le norme della contabilità di Stato.

La ritenuta diretta in alcuni casi rappresenta un semplice acconto del Irpef, che risulterà dovuta al termine del periodo d'imposta, sulla base della liquidazione del tributo commisurato al reddito complessivo del soggetto. In tale ipotesi la ritenuta diretta esaurisce la sua funzione nel campo della riscossione, concretandosi in un obbligo della pubblica amministrazione, che corrisponde determinate somme, di trattenere una parte e di versarla al fisco. Obbligata ad operare la ritenuta è qualsiasi amministrazione dello Stato che corrisponda tali somme.

2)Altre volte la ritenuta diretta assume la fisionomia di prelievo definitivamente gravante sul provento corrisposto all'amministrazione (ad esempio di ritenuta diretta sui premi e sulle vincite).

La riscossione mediante ritenuta diretta, a titolo di imposta, costituisce un modo distinzione dell'obbligazione tributaria per compensazione nei casi in cui vi sia identità tra l'amministrazione titolare del tributo e quella titolare del debito.

Il pagamento delle imposte reddituali mediante versamento diretto.

Nella riscossione mediante versamento diretto, assume un ruolo di centralità la figura del contribuente, che dichiara ed assolve il proprio debito tributario, mentre l'amministrazione si limita ad assistere all'attività dallo stesso svolta nell'interesse della finanza.

Il sistema del versamento diretto trova applicazione:

a) per il versamento delle ritenute operate dai sostituti d'imposta;

b) per il versamento degli acconti e dei saldi delle imposte sul reddito;

c) per il versamento dell'Irap in acconto e a saldo.

Il versamento diretto è effettuato alla tesoreria dello Stato mediante delega irrevocabile ad una banca convenzionata o all'ente poste italiane.

Riscossione delle imposte reddituali mediante ruoli: l'ambito di applicazione

Il ruolo è rimasto come strumento fondamentale per la riscossione di molti tributi.

Infatti sono riscosse mediante ruoli:

a)le imposte relative ai redditi dichiarati, soggetti a tassazione separata;

b)le somme dovute in ipotesi di presentazione della dichiarazione senza previo versamento diretto delle imposte in base ad essa liquidate;

c)le maggiori somme liquidate in sede di controllo formale della dichiarazione;

d)le somme dovute a titolo di imposte, interessi e sanzioni pecuniarie sulla base di avvisi di accertamento ufficiosi.

Il ruolo è atto plurimo, che esplica i suoi effetti in relazione ad una pluralità di contribuenti domiciliati nello stesso comune per i debiti d'imposta da ciascuno dovuti.

Esso contiene, oltre i nomi e le generalità dei destinatari, l'indicazione del domicilio fiscale, del periodo d'imposta cui l'iscrizione si riferisce, dell'imponibile, dei versamenti e dell'imposta effettivamente dovuta; degli interessi delle sanzioni pecuniarie eventualmente dovute.

Il ruolo è confezionato dall'agenzia delle entrate che si avvale della collaborazione del consorzio obbligatorio dei concessionari della riscossione.

I ruoli si distinguono in ordinari e straordinari; questi ultimi consentono l'anticipata riscossione delle maggiori imposte accertate in deroga alle disposizioni che regolano l'iscrizione provvisoria indipendenza del processo tributario(l'immissione di questo tipo di ruolo è subordinato al periculum in mora).

Una volta confezionato, il ruolo viene consegnato al concessionario, che notifica al debitore o al coobbligato la cartella di pagamento recante l'intimazione ad adempiere l'obbligo risultante dal ruolo entro il termine di 60 giorni dalla notificazione, con l'avvertimento che, in mancanza, si procederà all'esecuzione forzata.

Iscrizioni a ruolo delle imposte reddituali a titolo provvisorio e al titolo definitivo.

Nelle ipotesi di iscrizioni definitive si è in presenza di situazioni giuridiche idonee a giustificare la stabile acquisizione del tributo da parte dell'ente impositore.

L'iscrizione a ruolo provvisoria invece trae origine da un titolo essenzialmente precario, destinato a consolidarsi ovvero ad essere annullato in tutto o in parte.

Sono titoli che legittimano l'iscrizione definitiva:

a)la dichiarazione, per le imposte e le ritenute alla fonte liquidate in base ad essa, al netto dei versamenti diretti risultanti dalle attestazioni allegate alla dichiarazione stessa;

b) l'atto di accertamento ufficioso resosi definitivo, per le imposte, le maggiori imposte e le ritenute accertate dall'ufficio.

c)gli atti indicati sub a) e b) per i relativi interessi e sanzioni pecuniarie

L'amministrazione finanziaria ha il potere-dovere di riscuotere in via provvisoria in pendenza di giudizio:

a) dopo la notifica dell'avviso di accertamento metà dell'imposta corrispondente all' imponibile o al maggior imponibile accertato dall'ufficio;

b) dopo la sentenza della Commissione tributaria provinciale che respinge il ricorso, due terzi dell'imposta corrispondente all' imponibile;

c) dopo la sentenza della Commissione tributaria provinciale che accordi in parte il ricorso, l'imposta corrispondente all' imponibile;

d) dopo la sentenza della Commissione tributaria regionale, l'intero ammontare dell'imposta corrispondente al imponibile nonché l'ammontare della sanzione.

Mentre per procedere all'iscrizione al ruolo provvisoria la legge non stabilisce i limiti temporali, sono previsti rigorosi termini di decadenza per le iscrizioni definitive.

L'efficacia del ruolo rispetto a soggetti diversi dall'intestatario.

Il sistema vigente è ispirato al principio fondamentale dell'inestensibilità soggettiva del ruolo, principio che si ricollega a quello relativo ai limiti dell'efficacia del titolo esecutivo.

Non costituisce deroga a questo principio la regola secondo cui l'iscrizione a ruolo spiega autorità, anche nei confronti degli eredi della persona iscritta (il successore a titolo universale diviene titolare di tutte le giuridiche che facevano capo al de cuius, quindi non si ha un'estensione a terzi degli effetti del ruolo).

Le iscrizioni a ruolo a carico di uno dei condebitori solidali non può riversare i propri effetti negativi nei confronti degli altri.

Tuttavia i principi sopra esposti non trovano applicazione riguardo alla cosiddetta solidarietà dipendente limitata.

L'esazione in materia di IVA.

Nell' IVA il sistema della riscossione dell'imposta sulla base delle dichiarazioni periodiche e della dichiarazione annuale si impernia sul versamento diretto mediante delega irrevocabile ad una banca convenzionata o all'ente poste italiane.

Il pagamento delle maggiori imposte e delle sanzioni pecuniarie accertate all'ufficio deve essere effettuato entro 60 giorni dalla notifica dell'avviso di accertamento, qualora tale atto non sia impugnato.

L'esazione delle imposte di registro, di successione.

In tema di imposte di registro, di successione e di invim il pagamento della cosiddetta imposta principale ha luogo in base al contenuto dell'atto sottoposto a registrazione ovvero ad apposita denuncia del contribuente, cui segue la liquidazione operata dall'ufficio stesso, mediante versamento al concessionario anche tramite delega bancaria o con versamento su appositi conti correnti postali intestati al concessionario.

Il pagamento dell'imposta complementare e di quella suppletiva avviene a seguito dell'esercito della podestà di imposizione officiosa, in alcune ipotesi che si concreta nell'emanazione dell'avviso di accertamento di maggior valore e nella successiva notifica dell'avviso di liquidazione con quantificazione dell'imposta e di sanzioni dovute.

Anche in tale settore della riscossione coattiva avviene in base al ruolo.

L'esazione dell'imposta di bollo.

Con riferimento all'imposta di bollo, il tributo è assolto mediante versamento diretto con l'utilizzo di apposita carta filigranata, ovvero con apposizione ed annullamento di marche da bollo, ovvero tramite il visto per bollo o bollo a punzone.

Le imposte in esame rientrano tra i tributi senza imposizione, ossia di quelli relazione quell'esercizio della potestà impositiva non richiede l'emanazione di atti autoritativi.

L'esazione delle imposte doganali e delle accise.

Il pagamento dei diritti doganali e delle relative cauzioni viene effettuato con versamento diretto presso il concessionario, o tramite banche o uffici postali. I diritti dovuti alla dogana e rimasti soddisfatti sono riscossi coattivamente in base al ruolo.

Il pagamento delle accise avviene sempre in un momento successivo a quello in cui si verifica il presupposto del tributo: il suo pagamento dev'essere effettuato entro il giorno 15 del mese successivo a quello in cui si verifica l'immissione al consumo di prodotti da essa colpiti mediante versamento presso il concessionario o tramite banche o uffici.

SEZIONE III. ESECUZIONE FORZATA IN BASE AI RUOLI.

Gli organi titolari delle funzioni e dei rapporti dell'esecuzione in base ai ruoli. I fenomeni fondamentali di tale tipo di esecuzione

L'esecuzione forzata costa di una pluralità di atti consequenziali e progressivi, talché ogni atto della serie è il presupposto del successivo in quanto fa nascere il dovere o il potere di compierlo. Gli altri atti della sequenza rientranti nella fase espropriativa concretizzano un procedimento amministrativo di autotutela.

Il concessionario della riscossione delle somme iscritte a ruolo, può avvalersi di un speciale procedimento per tutta la durata della concessione.

L'organo preminente e stabile dell'esecuzione forzata in base a ruolo è il concessionario, cui la legge conferisce all'inizio e lungo il corso dell'esecuzione, la titolarità di molti poteri.

Cooperatori del concessionario sono l'ufficiale della riscossione e il messo notificatore. Organo dell'esecuzione di esame è pure il giudice dell'esecuzione, preposto alla direzione della fase satisfattiva.

Incaricati dell'esecuzione in esame è il custode dei mobili, gli istituti di vendite giudiziarie e conservatore dei registri immobiliari.

I fenomeni fondamentali attraverso cui tale esecuzione si svolge sono:

-formazione del titolo esecutivo (Ruolo) e la sua notificazione,

-pignoramento;

-ordine di vendita e la vendita;

-assegnazione (al posto della rendita);

-riparto e consegna del ricavato al creditore.

CAPITOLO XVIII. IL RIMBORSO DELL'IMPOSTA.

Nozioni generali. Le fattispecie generatrici del credito.

Il rimborso d'imposta è il rapporto giuridico in cui il contribuente assume nei confronti dell'erario la posizione di creditore di una determinata somma di denaro in precedenza trasferita a quest'ultimo.

Le fattispecie da cui può scaturire una pretesa restitutoria sono molteplici e possono appartenere alla patologia o alla fisiologia.

A. Rimborso filologico- se le somme riscosse anticipatamente si rivelano successivamente superiori all'ammontare dell'imposta dovuta, il credito di rimborso dipende da realizzarsi di un accadimento che genera in capo all'amministrazione l'obbligo di restituire determinate somme previamente riscosse. In tale categoria sono comprese le ipotesi di restituzioni previste dalla legislazione relativa alle imposte reddituali e crediti di rimborso IVA derivanti da un'eccedenza dell'ammontare dell'imposta assolta a monte nel corso del periodo d'imposta da un soggetto operante nell'esercizio di un'impresa rispetto a quello dell'imposta riscossa a valle.

B. Rimborso patologico- la fonte della posizione creditoria risiede nell'effettuazione da parte del soggetto di un pagamento non dovuto perché privo di causa giustificatrice, anche sopravvenuta. Si ha ad esempio nell'ipotesi in cui il contribuente, essendo incorso in qualche errore materiale o di calcolo nella stesura della dichiarazione, abbia versato all'erario somme maggiori di quelle dovute.

Il rimborso dei pagamenti indebiti scaturenti da versamenti indiretti.

Le ipotesi nelle quali è previsto il rimborso d'ufficio, l'attuazione del rimborso presuppone sempre un atto di impulso da parte dell'interessato. Impulso che si atteggia diversamente a seconda che il soggetto abbia versato spontaneamente le somme di cui chiede il rimborso, o abbia eseguito la prestazione in osservanza di uno degli atti tributari immediatamente impugnabili.

Nel primo caso, egli deve presentare un'apposita istanza all'ufficio tributario competente nei termini previsti dalle singole leggi di imposta o, in mancanza di disposizioni specifiche al riguardo, nel termine di due anni dal pagamento o, se posteriore, dal giorno in cui è sorto il diritto al rimborso(art. 21 decreto legislativo 546 del 1992).

Trascorsi 90 giorni dalla presentazione dell'istanza senza che l'amministrazione si sia pronunciata su di essa ,il soggetto può adire la commissione tributaria entro 10 anni al fine di ottenere giudizialmente l'accertamento dell'esistenza e della consistenza del credito nonché la condanna dell'amministrazione al pagamento.

Se invece l'ufficio emette un provvedimento con cui respinge l'istanza di rimborso, per far valere la propria pretesa creditoria il soggetto deve impugnare l'atto di diniego entro 60 giorni . In difetto di impugnazione il suo contenuto non può essere contestato dal destinatario, ed esso costituisce per l'amministrazione valido titolo giuridico per la ritenzione delle somme di cui era stato chiesto il rimborso, anche se la pretesa del soggetto fosse stata in origine dotata di fondamento.

L'istanza di rimborso deve essere proposta entro il termine previsto dalle leggi che regolano le singole imposte e solo in via residuale nel termine biennale indicato dall'articolo 21 del decreto legislativo 546 del 1992.

Il rimborso dei pagamenti indebiti derivanti da atti di imposizione.

Per quanto riguarda il rimborso delle somme pagate in forza di un atto esattivo emesso dall'amministrazione, occorre distinguere l'ipotesi in cui la tentazione abbia titolo in un precedente atto impositivo da quella in cui esso si fondi direttamente sulla dichiarazione del contribuente.

Nel primo caso l'atto della dichiarazione è solo riproduttivo dell'atto impositivo e di quest'ultimo ne segue le sorti; nel secondo caso si discute se l'atto esattivo non impugnato né impugnabile costituisca o meno un titolo giuridico sufficiente a legittimare la ritenzione del discorso da parte del fisco.

A norma dell'articolo 19 del decreto legislativo 546 del 1992 la non doverosità della prestazione oggetto dell'atto esecutivo deve essere fatta valere tramite l'impugnazione di tale atto, con la conseguenza che, in difetto, il trasferimento patrimoniale attuato in forza di esso si stabilizzerà in capo all'erario, indipendentemente dalla qualificazione che originariamente poteva essergli attribuita.

Il rimborso d'ufficio.

La fattispecie del rimborso d'ufficio è caratterizzata dal venir meno, per il contribuente, dell'onere della presentazione dell'istanza entro il termine decadenziale, operando esclusivamente l'ordinario termine di prescrizione del diritto,che ha decorrenza dal momento in cui questo essere fatto valere (perché l'ufficio è già investito del potere dovere di provvedere alla restituzione delle somme).

Per quanto riguarda le imposte sui redditi, in forza degli articoli 38 e 41 d.p.r.602 del 1973 l'ufficio deve provvedere in via autonoma al rimborso delle imposte versate e delle ritenute effettuate in misura superiore rispetto all'imposta, che risulta dovuta in base alla dichiarazione controllata.

Il rimborso deve essere eseguito d'ufficio anche quando la prestazione indebita consegua alla formazione di atti della riscossione viziati di errori materiali o a duplicazioni dovute alla stessa amministrazione, nonché in seguito alla pronuncia giurisdizionale definitiva di annullamento di un atto in forza del quale si era proceduto all'esazione a titolo provvisorio di determinate somme.

La prescrizione del credito tributario e la prescrizione del diritto al rimborso. La cessione del diritto al rimborso.

In materia di prescrizione del credito d'imposta e del diritto al rimborso sono pienamente operanti i principi e le regole emergenti dagli articoli 2934 ss codice civile, ogniqualvolta non siano dettate diverse disposizioni della legge tributaria.

In tema di cedibilità del diritto al rimborso l'articolo 5 del decreto legge 70 del 1988, con specifico riferimento all'Iva, ha disciplinato la procedura necessaria per perfezionare la cessione di crediti, riconoscendo implicitamente la legittimità della cessione stessa.

La dottrina ammette la cedibilità anche di crediti verso l'erario diversi da quelli relativi all'imposta sul valore aggiunto.

La gestione del credito è immediatamente efficace inter partes per effetto del solo accordo delle parti, ma al fine dell'opponibilità all'amministrazione finanziaria, occorre che il contratto si è stipulato con atto pubblico o scrittura privata autenticata e formalmente notificata l'amministrazione debitrice. (articolo 69 regio decreto 2440 del 1923).

Quanto alla cessione di crediti chiesti al rimborso della dichiarazione dei redditi, l'articolo 43 bis del d.p.r. 602 del 1973 stabilisce che si applichino le disposizioni degli articoli 69 e 70 del regio decreto 2440 del 1923, e individua nell'ufficio delle entrate o nel centro di servizi, o nel concessionario i destinatari della notifica dell'atto.

Il cessionario ha diritto agli interessi per tardato rimborso e a sua volta non può trasferire il credito.

Qualora abbia ottenuto rimborso, ma la dichiarazione dei redditi sulla cui base il credito era sorto sia stata rettificata, il cessionario risponde in solido con il contribuente cedente sino a concorrenza di somme indebitamente rimborsategli, purché gli siano stati notificati gli atti con i quali l'amministrazione procede a recupero delle somme.

L'articolo 43 ter disciplina le cessioni delle eccedenze del Irpeg risultanti dalle dichiarazioni delle società e degli enti soggetti ad Irpeg, ossia di quei crediti per i quali, anziché il rimborso, sia stato scelto dalla società o dell'ente il riporto a nuovo. La cessione di questi crediti è ammessa soltanto la società o enti appartenenti al medesimo gruppo, e non è soggetta alle formalità di cui agli articoli 69 e 70 del regio decreto 2340 (per renderla opponibile all'amministrazione è sufficiente che la società o l'ente cedente indichi, nella dichiarazione dei redditi in cui crediti compaiono, gli estremi di soggetti cessionari e gli importi ceduti a ciascuno di essi).

Le eccedenze acquisite sono comportate dai cessionari in diminuzione dei versamenti del Irpeg e tre termini scadono a partire dalla data in cui la cessione a effetto verso l'amministrazione.

Anche in questo caso, qualora la dichiarazione dei redditi sulla cui base il credito era sorto venga rettificata, il cessionario risponde in solido con il contribuente cedente.

Capitolo XIX. Gli atti di acquisizione e l'efficacia delle prove.

Sezione I. La potestà di polizia tributaria.

L' istruttorie e i poteri di indagine dell'amministrazione finanziaria. Il problema della discrezionalità.

Nell' attività istruttoria si ricomprendono tutti quegli atti con cui l'amministrazione finanziaria individua ed acquisisce dati e notizie rilevanti al fine di acclarare eventuali violazioni di norme tributarie.

Nelle imposte sui redditi e nell'Iva l'elevatissimo numero di contribuenti rende praticamente impossibile all'amministrazione finanziaria l'effettuazione dei controlli approfonditi sulla conformità a legge dell'operato di ciascun soggetto. Da qui la tendenza legislativa a sdoppiare la fase istruttoria, scindendo il controllo meramente documentale o formale delle dichiarazioni presentate dai contribuenti e dai sostituti, dal controllo sostanziale compiuto utilizzando gli ampi e penetranti poteri ispettivi conferiti dalla legge, il quale risulta esperibile solo nei confronti della ridotta percentuale di soggetti.

Paradigmatica è la normativa in materia di accertamento delle imposte sui redditi che delinea ben tre diversi livelli di controlli:

a. la liquidazione delle imposte e dei rimborsi dovuti sulla base delle dichiarazione presentate dai contribuenti e dei sostituti ,che ha come fine

i. correggere gli errori materiali o di calcolo in cui siano incorsi i contribuenti;

ii. escludere in tutto o parzialmente deduzioni e detrazioni esposte in maniera superiore a quella consentita dalla legge;

iii. verificare la rispondenza alle dichiarazioni e la tempestività dei versamenti eseguiti a titolo di acconto o di saldo, o delle ritenute operate;

b. il controllo formale delle dichiarazioni presentate dai contribuenti e dei sostituti al fine :

i. di escludere in tutto o in parte lo scomputo delle ritenute non risultanti dalle dichiarazioni dei sostituti o dalle certificazioni richieste ai contribuenti;

ii. escludere in tutto o in parte le detrazioni, di deduzioni, i crediti d'imposta non spettanti in base ai documenti richiesti al contribuente o agli elenchi fornite dai soggetti che erogano mutui agrari, dalle imprese di assicurazioni e dagli enti previdenziali;

iii. liquidare le maggiori imposte dovute sull'ammontare complessivo dei redditi risultanti da più dichiarazioni presentate dal spesso contribuente per il medesimo periodo d'imposta;

c. l'attività di controllo delle dichiarazioni e di ricerca di soggetti che ne hanno omesso la presentazione.

Quanto ai controlli più accurati, il legislatore ha stabilito una pianificazione dell'attività inquisitoria degli uffici al fine di ottimizzare l'impiego delle limitate risorse disponibili,estendere al massimo il novero delle categorie di soggetti da controllare indipendentemente, e garantire l'imparzialità dell'azione amministrativa. Si deve ritenere che nel compimento di queste scelte, l'agire degli uffici non sia libero, ma discrezionale in quanto vincolato al conseguimento di un fine normativamente predeterminato: la realizzazione dello scopo della funzione tributaria, che consiste nella celere e perequata applicazione dei tributi.

Tale esercizio è qualificabile come discrezionale anche perché impone di contemperare l'interesse pubblico affidato a cura degli uffici, con gli interessi privati suscettibili di essere vulnerati (la pubblica amministrazione deve esercitare i propri poteri dell'interesse pubblico con il minor sacrificio di quello privato).

Inviti a comparire, richieste e questionari.

Gli uffici delle imposte sui redditi e gli uffici IVA sono dotati sostanzialmente dei medesimi poteri. In particolare possono:

a. invitare i contribuenti, indicandone il motivo, a comparire personalmente o a mezzo di rappresentanti per fornire dati o notizie rilevanti ai fini dell'accertamento;

b. invitare i contribuenti, indicandone il motivo, ad esibire o a trasmettere atti o documenti;

c. richiedere comunicazione di dati e notizie relativi a soggetti indicati singolarmente o per categoria;

d. richiedere copie o estratti di atti o documenti depositati presso notai, i procuratori del registro, conservatori di registri immobiliari e altri pubblici ufficiali;

e. richiedere alle società, enti ed imprenditori commerciali obbligati alla tenuta delle scritture contabili dati, notizie e documenti relativi alle vendite, agli acquisti e alle forniture;

f. invitare ogni altro soggetto ad esibire o trasmettere dati e documenti fiscalmente rilevanti concernenti specifici rapporti intrattenuti col soggetto indagato e a fornire i relativi chiarimenti.

Accessi, ispezioni e verifiche; il processo verbale di constatazione.

Il uffici delle entrate hanno il potere di effettuare nei confronti del soggetto indagato accessi al fine di eseguire ispezioni, verifiche, ricerche e ogni altra rilevazione utile per l'accertamento dell'imposta.

Per accesso si intende l'ingresso e la permanenza di funzionari e degli impiegati dell'ufficio in un determinato luogo anche contro la volontà dell'avente diritto; l'iscrizione costa di un esame della documentazione contabile(anche quella non obbligatoria) in possesso del soggetto; la verifica consiste in un controllo attinente al personale, agli impianti e alle merci al fine di effettuare un riscontro sulla correttezza della contabilità.

Per accedere ai locali destinati all'esercizio di attività commerciali,gli impiegati devono essere muniti della autorizzazione del capo ufficio, indicante il motivo dell'accesso.

Per accedere ai locali adibiti anche all'abitazione è necessaria l'autorizzazione del procuratore della Repubblica, necessaria anche per accedere i locali adibiti esclusivamente all'abitazione o al circolo privato.

In tal caso il rilascio di tale autorizzazione è subordinato l'esistenza di gravi indizi di violazione di norme sulle imposte sui redditi e sul valore aggiunto e deve apparire funzionale al reperimento di prove sulle violazioni stesse.

Le attività compiute nel corso dell'accesso devono essere descritte cronologicamente e analiticamente nel processo verbale di verifica. Al termine delle operazioni gli impiegati devono inoltre curare la stesura di un processo verbale di constatazione, nel quale vengono sintetizzati i risultati delle indagini condotte e le violazioni riscontrate. Entrambi i processi verbali devono essere sottoscritti dal contribuente (o dal suo rappresentante) il quale ha diritto di averne una copia. Se il contribuente rifiuta di sottoscriverli deve esserne indicato il motivo.

I processi verbali vanno considerati atti pubblici: hanno piena prova fino a querela di falso della provenienza dal pubblico ufficiale che li ha formati e degli atti e fatti avvenuti in sua presenza o da lui compiuti(la forza probatoria attiene alla fase descrittiva del verbale e non al momento valutativo).

<u>Il segreto bancario e professionale.</u>

La 416 del 1991 prevede che, previa autorizzazione della competente direzione regionale delle entrate, gli uffici delle imposte dirette e gli uffici IVA possono richiedere alle banche e all'amministrazione postale copia dei conti intrattenuti con il contribuente indagato, con la specificazione di tutti i rapporti inerenti o connessi a tali conti, comprese le garanzie prestate da terzi.

In relazione ai medesimi conti di uffici possono poi chiedere alle banche e all'amministrazione postale ulteriori dati e notizie di carattere specifico, tramite l'invio di appositi questionari.

Se le banche o l'amministrazione postale non trasmettono nei tempi i dati richiesti, ovvero qualora abbiano il fondato sospetto che i dati trasmessi siano esatti o incompleti, gli uffici possono disporre l'accesso di propri funzionari presso le banche al fine di rilevare direttamente i dati richiesti, o controllare la correttezza e la completezza di quelli ricevuti. Tanto delle richieste che degli accessi deve essere data, a cura della banca o dell'ufficio postale, tempestiva notizia al soggetto interessato.

Quanto al segreto professionale, ossia il diritto riconosciuto a determinate categorie di professionisti di mantenere riservati i rapporti con la clientela, la sua tutela in sede di istruttoria tributaria si risolve la previsione di due ordini di cautele: all'accesso presso i locali adibiti a studi professionali, pur non essendo necessaria alcuna speciale autorizzazione, deve essere presente il professionista ha un suo delegato; è necessaria l'autorizzazione del procuratore della Repubblica o dell'autorità giudiziaria più vicina per l'esame di documenti o la richiesta di notizie che il professionista affermi ricoperte dal segreto professionale (autorizzazione può essere concessa solo se viene considerato insussistente il segreto opposto dal professionista).

Istituzione presso l'anagrafe tributaria di una nuova sezione per l'archiviazione dei dati trasmessi dalle banche e dagli intermediari finanziari ai sensi dell'articolo 7 d.p.r. 605 del 1973.

La formulazione dell'articolo 7 d.p.r. 605 del 1973, così come modificato dalla legge 311 del 2005, prevede a carico delle banche e degli altri operatori finanziari l'obbligo di rilevare e tenere in evidenza i dati identificativi dei soggetti che intrattengono qualsiasi tipo di rapporto con gli operatori medesimi, o che comunque effettuino, anche per conto di terzi, operazioni finanziarie, con la sola esclusione di quelle di importo unitario inferiore a 1500 ancora effettuate tramite bollettino di conto corrente postale.

Tale obbligo diventerà effettivo successivamente all'emanazione da parte del direttore dell'agenzia delle entrate di un apposito provvedimento con il quale dovranno essere stabilite le modalità, i termini e le specifiche tecniche per la trasmissione delle informazioni. Tali dati, devono confluire in una nuova apposita sezione dell'anagrafe tributaria, possono essere utilizzati ai fini dell'accertamento tributario , nelle attività connesse alla riscossione mediante ruolo, possono essere utilizzati nel corso di procedimenti penali sia nella fase delle indagini preliminari che nelle fasi processuali.

Nell'attività di accertamento possono essere altresì utilizzati i dati comunicati al anagrafe tributaria dalle imprese che operano nel settore delle assicurazioni, le quali devono comunicare gli importi erogati e il codice fiscale o partita IVA del beneficiario dell'assicurazione.

La Guardia di Finanza. Prova penale e accertamento tributario.

Quale organo di polizia tributaria, la Guardia di Finanza è organo sussidiario degli uffici finanziari, assolvendo, di propria iniziativa o su richiesta degli uffici medesimi, a quella funzione di controllo sulla conformità a legge dell'operato dei contribuenti che è strumentale all'esercizio, da parte degli organi competenti, della potestà impositiva o sanzionatoria.

La Guardia di Finanza è di regola dotata di medesimi poteri investigativi di cui dispongono, in base alle singole leggi di imposta, i diversi uffici finanziari.

Il coordinamento dell'attività investigativa della guardia di finanza con quella condotta dagli uffici finanziari è assicurato attraverso degli accordi che intervengono periodicamente fra le direzioni regionali delle entrate e gli uffici e comandi territoriali. Inoltre gli uffici e comandi territoriali devono dare immediata comunicazione delle ispezioni e verifiche intraprese, al fine di consentire all'ufficio al comando che riceve di richiedere all'organo inquirente di eseguire specifici controlli comunicandogliene i risultati.

Oltre a servire quale organo di polizia tributaria, la Guardia di Finanza è organo di polizia giudiziaria, operante alle dipendenze e sotto la direzione dell'autorità giudiziaria.

Gli elementi probatori concernenti violazioni della normativa tributaria acquisiti dalla guardia di finanza quale organo di polizia giudiziaria, sottostanno alla disciplina di segreto investigativo e pertanto non possono essere comunicati agli uffici finanziari, per essere da questi posti a fondamento di eventuali provvedimenti amministrativi di imposizione o di irrogazione di sanzioni, almeno sino a quando il vincolo perdura. Tuttavia il riferimento le imposte sui redditi e sull'Iva l'autorità giudiziaria può autorizzare con provvedimento motivato la trasmissione agli uffici finanziari di documenti, dati e notizie raccolti direttamente dalla guardia di finanza.

Il contraddittorio.

La normativa tributaria non riconosce in via generale al privato il diritto di essere avvertito dall'inizio dello svolgimento della chiusura di un'indagine fiscale a suo carico.
Come visti l'amministrazione ha il potere di invitare il contribuente a comparire personalmente o a mezzo di un rappresentante, quello di invitarlo ad esibire o trasmettere documenti, quello di inviargli questionari; tuttavia l'esercizio di tali poteri non è obbligatorio né preordinato a garantire il diritto di difesa dell'indagato, ma a consentire all'amministrazione di venire possesso di dati e notizie riguardanti violazioni della normativa tributaria.
Il diritto del privato ad intervenire nella fase istruttoria, è attualmente previsto solo da alcune disposizioni recentemente introdotte nell'ambito di procedimenti legislativi.
Inoltre l'invio della richiesta di chiarimenti è obbligatorio per l'ufficio procedente in due ipotesi: a) gli accertamenti fondati sul cosiddetto metodo sintetico di determinazione del reddito complessivo; b) negli accertamenti fondati sulle risultanze di indagini bancarie.
L'indagato, ove venga a conoscenza dell'istruttoria aperta nei suoi confronti, può ritirarsi spontaneamente, comunicando all'organo inquirente quei dati che considera utili ai fini difensivi.
La rilevanza dei vizi degli atti istruttori.
I vizi degli atti istruttori, derivanti dall'inosservanza da parte degli uffici finanziari delle norme che ne regolano l'azione, non si ripercuotono necessariamente sulla validità del l'avviso di accertamento o di irrogazione delle sanzioni.
I dati e le notizie acquisti illegittimamente sono inidonei a fungere da prova: di conseguenza, tanto l'ufficio quanto l'organo giurisdizionale non dovrebbero riconoscere loro alcuna capacità rappresentativa.
L'avviso di accertamento o di irrogazione di sanzioni deve essere considerato senz'altro invalido per un vizio di procedura nell'ipotesi in cui l'atto istruttorio omesso o illegittimo sia uno di quegli atti che l'ufficio ha l'obbligo di compiere (come le richieste di informazioni al contribuente).
Nel caso in cui l'atto istruttorio si estrinseca nella pretesa di un comportamento attivo del destinatario (inviare di un questionario) egli può rifiutarsi di attuare il comportamento richiesto, e far valere l'illegittimità dell'atto in sede di impugnazione di un eventuale avviso di irrogazione di sanzioni emesso dall'ufficio procedente in relazione a questo adempimento.
Nel caso in cui l'atto istruttorio viziato si estrinseca in un comportamento passivo (ad esempio un accesso), è precluso il ricorso immediato alle commissioni tributarie.
Il soggetto danneggiato da un'attività istruttoria illlegittima può rivolgersi al giudice amministrativo o al giudice civile secondo le ordinarie regole che presiedono alla ripartizione della giurisdizione.
Garanzie predisposte per la fase delle indagini dallo statuto dei diritti del contribuente.
Per garantire i diritti fondamentali del contribuente -diritto all'assistenza, all'equo e regolare svolgimento

delle procedure di accertamento-lo Statuto del contribuente ha introdotto alcuni obblighi e alcune limitazioni in capo all'amministrazione finanziaria.

Gli uffici devono:

a. informare il contribuente di ogni fatto o circostanza dai quali possa derivare l'irrogazione di una sanzione;

b. evitare di richiedere al contribuente documenti e informazioni già in possesso dell'amministrazione finanziaria o di altre amministrazioni pubbliche indicate dal contribuente;

c. motivare tutti gli atti;

d. informare i rapporti col contribuente ai principi di buona fede e collaborazione;

e. compiere accessi, ispezioni e verifiche nei locali destinati all'esercizio di attività commerciali, industriali, agricole, artistiche o professionali solo sulla base di effettive esigenze di indagine;

f. osservare i limiti di 60 giorni dalla data del rilascio della copia di processo verbale di chiusura della verifica, e quella di emanazione dell'avviso di accertamento.

In sintesi:

- il contribuente deve essere informato, quando inizia la verifica, delle ragioni che l'hanno giustificata, nonché dei diritti degli obblighi a carico su in occasione delle verifiche;
- può chiedere che l'esame dei documenti amministrativi e contabili venga effettuato nell'ufficio dei verificatori o presso lo studio del professionista;
- può rivolgersi al garante del contribuente se ritiene che i verificatori procedano con modalità non conformi alla legge; può comunicare entro 60 giorni dal rilascio del processo verbale, osservazioni e richieste.

Segue: il garante del contribuente.

Il garante del contribuente è istituito presso ogni direzione regionale delle entrate. È organo collegiale costituito da tre membri scelti e nominati dal presidente della commissione tributaria regionale, tra gli appartenenti ad alcune categorie.

Il garante può:

a. svolgere le richieste di documenti o chiarimenti agli uffici competenti;

b. attivare procedure di autotutela nei confronti di atti amministrativi di accertamento o di riscossione notificati al contribuente;

c. accedere agli uffici finanziari e controllare la funzionalità dei servizi di assistenza e di informazione del contribuente;

d. richiamare gli uffici al rispetto delle norme poste a garanzia del contribuente e dei termini previsti per il rimborso dell'imposta;

e. individuare i casi di particolare rilevanza in cui le disposizioni in vigore o comportamenti dell'amministrazione determinano un pregiudizio dei contribuenti o conseguenze negative nei loro con l'amministrazione, segnalandoli all'organo competente, al fine di un'eventuale avvio del procedimento disciplinare;

f. prospettare al ministro delle finanze i casi in cui possono essere esercitati i poteri di remissione in termini per cause di forza maggiore.

Ogni sei mesi, il garante presenta una relazione sull'attività svolta al ministro del finanze, al direttore regionale delle entrate, ai direttori compartimentali delle dogane e del territorio nonché al comandante di zona della guardia di finanza, individuando gli aspetti più rilevanti e prospettando le relative istruzioni. Il ministro del finanze riferisce annualmente alle competenti commissioni parlamentari in ordine al funzionamento del garante del contribuente.

Il garante non ha quindi potere di porre fine ad eventuali violazioni di diritti fondamentali, né di punire coloro ai quali, nell'esercizio dell'attività di verifica e controllo, abbiano leso gli interessi del contribuente contravvenendo a specifiche disposizioni legislative. Pertanto appare poco incisivo il suo ruolo di organo di tutela a garanzia del contribuente.

Sezione II. Il sistema delle prove fiscali.

Considerazioni introduttive;breve quadro dei problemi.

Il problema della prova è il nucleo essenziale della fondatezza nel merito del provvedimento e, quindi dell'esistenza stessa del diritto all'imposta o alla maggiore imposta accertata.

La prova fonda la pretesa creditoria o sanzionatoria.

Tra le molteplici distinzioni e classificazioni in tema di mezzi di prova, in questa sede richiamiamo la classica dicotomia tra prove dirette (o storiche) e prove indirette (o logiche).

Per prova diretta si intende qualsiasi fatto, atto o cosa che sia di per sé immediatamente rappresentativo di ciò che si vuole provare. La prova diretta è quindi la prova per antonomasia. Sono tali le prove documentali, la confessione, il giuramento e la testimonianza.

Sono invece prove indirette quelle consistenti in un procedimento d'ordine logico che, partendo da uno o più fatti conosciuti, ma non immediatamente rappresentativi di ciò che si vuole provare, pervengono in via di logica consequenzialità a desumere l'esistenza del fatto o i fatti da provare. Si tratta sostanzialmente di prove basate su illazioni, inferenze, congetture (anche se costruite su precise regole d'ordine logico).

In argomento valgono i seguenti principi:

a. l'amministrazione non può accingersi a nessun atto senza aver procurato a se stessa la prova dei fatti che determinano la potestà di dar vita a quella. Nel caso dell'atto di imposizione, la prova che la finanza deve possedere è quella dell'esistenza della situazione base del tributo, così che la mancanza o l'insufficienza di questa prova implicherebbe la presenza, nell'atto, di un vizio di legittimità.

b. La regolamentazione delle prove racchiuse nel codice civile non è applicabile al campo tributario, perché la logica che caratterizza gli atti di imposizione è diversa da quella che caratterizza i rapporti tra i privati;

c. È maggiormente condivisibile l'assimilabilità del sistema probatorio tributario al modello penalistico, essendo entrambi orientati all'accertamento del fatto (di evasione tributaria il primo, di reato il secondo);

d. utilizzabilità di ogni prova, tranne le esclusioni espressamente previste.

Il divieto di prova testimoniale;la efficacia probatoria delle dichiarazioni verbali rese dai terzi. Le c.d. atipiche.

La prova testimoniale è esclusa.

Al riguardo, va premesso che perché la testimonianza sia tale, occorre che il teste sia interrogato, con tutte le garanzie che la legge contempla, dal giudice e che deponga davanti al giudice, altrimenti non si può parlare di testimonianze intese in senso tecnico.

Le dichiarazioni rese dai terzi, pur non costituendo prova diretta sono utilizzabili come elementi indizianti, suscettibili di integrare una prova per presunzioni ex articolo 2729 codice civile quanto meno quando si tratti di dichiarazioni che risultino attestate in atti notarili, i verbali della polizia tributaria o comunque in atti che ne facciano fede sino a querela di falso?

La dottrina processualistica configura, accanto alle prove espressamente previste e disciplinate dalla legge, la categoria delle cosiddette prove atipiche, alle quali è possibile attingere in assenza di uno specifico divieto. Fra di esse rientrerebbero anche le dichiarazioni rilasciate dai terzi al di fuori del processo, che sono in grado di supportare il procedimento dimostrativo a carattere indiziario o presuntivo.

A nostro avviso, se la legge tributaria esclude drasticamente la prova testimoniale, a fortiori deve escludersi la possibilità di attribuire rilevanza a delle semplici dichiarazioni, a dei surrogati di testimonianze rilasciate al di fuori del processo, senza contraddittorio, e quindi senza neppure quei controlli e quelle garanzie che contraddistinguono la testimonianza in senso tecnico.

Ciò non significa che le dichiarazioni dei terzi non possono assumere rilevanza ai fini che interessano, sia pure per altra ragione. Ad esempio, la simultanea presenza di più dichiarazioni provenienti da soggetti diversi e tutte concordi nell'affermare l'esistenza di un determinato fatto inferisce presuntivamente la prova del fatto stesso: ad acquistare rilevanza non sarà la dichiarazione in quanto prova testimoniale ma in quanto indizio del fatto da provare,e ciò in base al regime della prova per presunzioni semplici, senza che ciò implichi l'utilizzabilità della categoria delle prove atipiche.

Il documento.

La prova fornita dal documento assume primaria importanza nel campo tributario:

A. la prova documentale.

Per documento è da intendersi qualsiasi entità del mondo fisico di per sé idonea a rappresentare determinati fatti o situazioni di fatto, comprese quindi fotografie, copie fotostatistiche, riproduzioni meccaniche, registrazioni ...

L'atto pubblico e la scrittura privata restano prove documentali per eccellenza.

L'atto pubblico, a norma dell'articolo 2699 codice civile "è il documento redatto, con le richieste formalità, da un notaio o da altro pubblico ufficiale autorizzato ad attribuirgli pubblica fede nel luogo dove l'atto è formato"; esso fa piena prova fino a querela di falso delle dichiarazioni delle parti e dei fatti che l'ufficiale rogante attesta avvenuti in sua presenza o da lui compiuti (articolo 2700 codice civile). Tra gli atti pubblici troviamo i verbali della guardia di finanza e degli altri organi verificatori che abbiano agito nella qualità di pubblici ufficiali a ciò autorizzati.

La scrittura privata fa prova piena contro chi l'ha sottoscritta delle dichiarazioni in essa contenute salvo a accertarne l'autenticità e la paternità, che si danno per riconosciute nella scrittura privata autenticata.

Per la prova della data della scrittura privata nei confronti di terzi valgono le regole dell'articolo 2704 codice civile.

B. La prova contabile.

Particolare importanza ai fini tributari rivestono le scritture contabili degli imprenditori.

L'ufficio delle entrate è obbligato ad attribuire attendibilità alle voci della dichiarazione che non si sostanziano in apprezzamenti subbiettivi e che trovano supporto in registrazioni contabili suffragate le idonee pezze giustificative. In deroga al disposto dell'articolo 2709 codice civile, le registrazioni contabili fanno prova piena anche a favore dell'imprenditore, sempre che il fisco non possa dimostrare l'inesattezza di tutto o una parte delle scritture e la loro inattendibilità o ancora l'irregolarità di esse.

C. Le scritturazioni informali (cosiddetta contabilità nera).

Non vi è dubbio che tali scritturazioni possano costituire prova contro l'imprenditore, ma poiché normalmente si tratta di documenti non sottoscritti, si pone il problema di accertarne la paternità. Ciò potrà avvenire facilmente in presenza di documenti olografi, altrimenti sarà necessario accertarne la paternità sulla base di ulteriori riscontri materiali, come ad esempio il luogo in cui la contabilità nera era custodita e le circostanze del rinvenimento.

D. L'eccezionale efficacia probatoria dei documenti emessi o sottoscritti da terzi

I documenti fanno piena prova contro chi li ha emessi, a prescindere dal fatto che essi si trovino in possesso di quest'ultimo o di terzi (articoli 2007 e 2702 codice civile) .

Deve ritenersi che il documento del terzo non possa costituire prova di per sé sufficiente a radicare un validoaccertamento nei confronti di una persona diversa dall'autore, per la semplice ragione che le scritture private sono destinate a fare prova solo contro chi le ha emesse, ma non nei confronti di altri soggetti. Il documento emesso dal terzo dovrebbe unicamente fare prova contro il terzo.

Vi sono casi in cui contenuto del documento del terzo, per espressa disposizione normativa può essere assunto a prova del fatto posto a base dell'atto di imposizione.

Ex art. 54 d.p.r. 633/1972 e art.39 d.p.r. 600/1973 le dichiarazioni dei redditi delle società semplici,delle società commerciali personali e delle società e associazioni ad esse equiparate, per quanto riguarda l'ammontare del reddito prodotto a valere nei confronti dei soci o associati,le dichiarazioni dei sostituti d'imposta, per i pagamenti fatti ai soggetti sostituiti, gli elenchi dei clienti fornitori allegati alle dichiarazioni IVA, per che concerne l'ammontare dei corrispettivi di essi percepiti o da essi corrisposti sono idonei a dare certezza, fino a prova contraria, rispettivamente del reddito imputabile ai soci o associati, dei pagamenti fatti ai soggetti sostituiti e dell'ammontare dei corrispettivi e delle operazioni Iva intercorse con clienti e fornitori, questo perché tali dichiarazioni documentano l'adempimento di tassativi obblighi di legge tutelati da specifiche sanzioni, il che rende particolarmente attendibile l'effettiva sussistenza di quei fatti (es. produzione di un certo reddito)che costituiscono il presupposto logico e giuridico degli obblighi e delle obbligazioni cui tali adempimenti si riferiscono.

Al di fuori di tale ipotesi, il documento del terzo deve ritenersi insufficiente a costituire il fondamento di un valido atto impositivo, potendo assumere tutt'al più rilevanza indiziale (salvo l'ipotesi in cui il contribuente faccia proprio il documento del terzo, riconoscendone implicitamente la veridicità).

La confessione: le risposte ai questionari e le dichiarazioni rese in sede di comparizione personale; le dichiarazioni apposte in calce ai verbali di verifica; le cosiddette ammissioni: se ne esclude l'efficacia confessoria.

Ex art. 2730 la confessione è la dichiarazione che una parte fa della verità dei fatti ad essa sfavorevoli e favorevoli all'altra parte. Essa può essere giudiziale (se è resa in giudizio) o stragiudiziale; la confessione giudiziale può essere spontanea (contenuta in qualsiasi atto processuale firmato dalla parte personalmente) o provocata (se resa al giudice in sede di interrogatorio formale, nei modi e nelle forme stabilite dalla legge per questo tipo di interrogatorio) .

In campo tributario, le uniche ipotesi di dichiarazione confessoria di diretta rilevanza probatoria ai fini degli atti di imposizione tributaria appaiono configurabili solo in via stragiudiziale (non è possibile configurare una confessione giudiziale provocata per l'ovvia ragione che in tale sede non è esperibile l'interrogatorio).

Il caso tipico è quello del contribuente che, con dichiarazione resa all'ufficio e regolarmente sottoscritta, spontaneamente confessi di aver posto in essere atti o fatti pregiudizievoli per l'interesse dell'amministrazione finanziaria.

Le risposte date dei contribuenti ai questionari predisposti dagli uffici e le dichiarazioni rese dei contribuenti in sede di convocazione personale presso gli uffici integrano gli estremi di vere e proprie confessioni a carattere extragiudiziale? È sempre più diffuso l'orientamento volto a riconoscere rilevanza probatoria, oltre che alle dichiarazioni confessorie in senso proprio, anche alle cosiddette ammissioni, ossia le dichiarazioni con cui una parte riconosca la sussistenza della veridicità dei fatti e delle circostanze favorevoli all'altra parte. Siffatte dichiarazioni, almeno per quanto riguarda i redditi d'impresa e di lavoro autonomo, non solo rientrano fra i mezzi probatori utilizzabili ai fini dell'accertamento, ma hanno efficacia pari alle prove dirette e quindi efficacia che le avvicina alle dichiarazioni propriamente confessorie. E analogamente può dirsi per quanto riguarda le eventuali dichiarazioni rilasciate dal contribuente nel corso di accessi ispettivi regolarmente verbalizzati dagli inquirenti.

Quanto detto non vale anche per gli altri tipi di reddito e comunque le predette dichiarazioni non hanno efficacia probatoria della confessione.

Siamoin materia di diritti indisponibili e di obbligo di imparziale esercizio della funzione vincolata di imposizione: perciò tutte le dichiarazioni e le ammissioni del contribuente fanno prova piena ma senza i limiti fissati dall'articolo 2732 ("La confessione non può essere revocata se non si prova che è stata determinata da un errore di fatto o d'argento ") e possono quindi essere modificate o rettificate o sconfessate dall'autore per errore di fatto e di diritto e persino in caso di deliberata falsificazione.

La prova per presunzioni in generale. Le presunzioni legali.

Ex art 2727 c.c. la presunzione è la conseguenza che si trae da un fatto noto per risalire ad un fatto ignorato. Tale procedimento di ordine logico può essere liberamente utilizzato dalle parti, come normale mezzo di prova sulla base delle cosiddette regole di esperienza. È la prova chiamata presunzione semplice alla quale fanno spesso ricorso di uffici impositori ai fini dell'accertamento.

Oltre ad essa esistono le presunzioni legali, le quali si distinguono in assolute e relative.

Le presunzioni legali assolute non ammettono prova contraria (il legislatore si sostituisce al giudice fissando il fatto indiziante ed equiparandolo al presupposto di fatto). In generale le presunzioni legali derivano da una sorta di cristallizzazione di fatti che in precedenza hanno costituito presunzioni semplici e che ora il giudice non può più valutare liberamente.

L'articolo 53 costituzione, stabilendo che il giudice ordinario può assumere a presupposto dell'attività impositiva non tutti i fatti che vuole, ma solo i fatti che esprimano effettiva l'attitudine contributiva, limita il potere del legislatore di creare presunzioni assolute in un duplice senso:

- egli non può presumere l'attitudine contributiva in fatti che ne risultano carenti, assumendoli a presupposti di imposta;

- nell'ambito di ciascun tributo non può disporre a suo arbitrio, utilizzando lo strumento della presunzione legale assoluta, le equiparazioni al presupposto del tributo di fatti che col presupposto non hanno alcun legame (non può determinarsi un reddito inferiore ai 10 milioni nei riguardi di chi ha 10 figli a carico).

Da qui l'ovvia conclusione che le presunzioni legali assolute di esistenza degli elementi da fattispecie del tributo sono legittime solo a condizione che esse abbiano l'attitudine a rappresentare in via deduttiva, in base all'esperienza di casi simili, gli elementi della fattispecie.

Le presunzioni legali relative ammettono la prova contraria: esse hanno essenzialmente lo scopo di invertire l'onere della prova (e non di stabilire un'equivalenza fra fatto assunto a base della presunzione e fatto imponibile).

La presunzione legale relativa normalmente non dà problemi di costituzionalità, a meno che la legge, nel fissare la presunzione non ponga delle vere e proprie limitazioni alla prova contraria, rendendola un probatio diabolica. In tal caso la presunzione legale relativa tende a perdere i caratteri sui propri, per assumere tratti sempre più prossimi ad una presunzione legale assoluta.

Le presunzioni legali relative sono volte a semplificare l'onere probatorio gravante uffici impositori, fermo restando in capo ad essi l'onere di fornire la prova dei presupposti su cui ogni singola previsione normativa basa la presunzione relativa.

La prova per presunzioni semplici del codice civile e la prova per indizo del codice processuale penale.I requisiti della gravità,precisione e concordanza.

La prova per presunzioni può fondare e provare la pretesa impositiva?

La presunzione viene definita come l'operazione logica mediante la quale il soggetto che deve procurarsi la conoscenza di un fatto ignorato, partendo da una circostanza nota e certa (fatto indiziante) e collegandola ad una massima di esperienza ricava, al lume dell'intuito e al vaglio critico della ragione,una concreta e illazione (cognizione del fatto che si cerca).

Ciò non significa che il fatto che si scopre con l'impiego della prova presuntiva debba essere certo, è sufficiente che sia solo probabile.

Pur non potendosi negare che la presunzione in campo tributario possa essere soggetta all'errore, va riconosciuto se il giudice è fornito di raziocinio, i margini dell'errore saranno marginalii.

La presunzione è prova piena e completa, idonea a formare il convincimento dell'organo accertatore, né può eccepirsi che non è possibile raggiungere una certezza assoluta in ordine all'esistenza del fatto da provare, perché il diritto non pretendere certezza ma la semplice probabilità.

Le presunzioni, per assumere la dignità di prova, devono essere gravi precise e concordanti (articolo 2729 codice civile) e, la dottrina è concorde che anche solo indizio possa eccezionalmente racchiude in sé tutti questi requisiti.

Il legislatore circonda l'acquisizione della prova per presunzioni da cautele e limiti:

-alla base dell'illazione deve essere un fatto certo;

- la prova per presunzioni non è ammessa nei casi in cui è vietata l'utilizzazione della prova per testimoni (tale limitazione non si estende al diritto tributario).

Gli accertamenti fondati sul mero riferimento a medie e a dati statistici.

In dottrina è discusso se i metodi induttivi sintetici di determinazione del reddito d'imposta e di lavoro autonomo comportino l'utilizzo di uno strumento probatorio inquadrabile nello schema delle prove per presunzioni.

In vero, il metodo induttivo e la prova per presunzioni, pur presentando delle analogie strutturali, costituiscono strumenti di indagine profondamente diversi. Per capirlo è sufficiente riflettere che la prova presuntiva si basa su una regola di comune esperienza, ossia sul rapporto di causalità; nel metodo induttivo in luogo delle regole di esperienza del rapporto di causalità troviamo i coefficienti tratti dagli studi condotti dalla finanza, per ciascun settore economico, sulle imprese più rappresentative del settore considerato.

Il metodo accertativo dell'imponibile basato sull'impiego di coefficienti e studi di settore è lo strumento escogitato dalla prassi amministrativa per attribuire un reddito standard a talune categorie di soggetti passivi.

A nostro avviso sia i coefficienti di redditività della registrazione fiscale italiana del secolo ventesimo, sia gli studi di settore non sono da annoverare tra i mezzi di prova.

Il loro utilizzo appare legittimo in presenza di comportamenti illegittimi del soggetto passivo d'imposta e fuori da queste ipotesi non sono fonte di presunzione legale relativa e di versione dell'onere della prova.

CAPITOLO XX. LE SANZIONI FISCALI.

Sezione I. Le sanzioni amministrative.

La summa divisio tra sanzioni penali e sanzioni amministrative.

La legge tributaria prevede numerose sanzioni volte a prevenire e a reprimere le violazioni di essa.

In materia tributaria si distingue tra:

- **illeciti penali**-appartengono a questa categoria le violazioni di norme che costituiscono delitti o contravvenzioni;

-**illeciti amministrativi** -sono violazioni della legge tributaria alle quale il legislatore ricollega l'applicazione di sanzioni amministrative.

Il decreto legislativo 472 del 1997 ha introdotto la sanzione pecuniaria e le sanzioni accessorie, che esauriscono la categoria delle sanzioni tributarie.

La distinzione tra sanzioni penali e sanzioni amministrative è rilevante sotto molteplici profili:

a) le sanzioni penali sono applicate sempre dall'autorità giudiziaria a seguito di un processo giurisdizionale penale. Le sanzioni amministrative sono ordinariamente irrogate da organi dello Stato appartenenti alla pubblica amministrazione;

b) qualora l'illecito sia imputabile a più soggetti, mentre nell'ipotesi di illecito penale troveranno applicazione le norme sul concorso di persone, nell'illecito amministrativo trova applicazione il modulo della solidarietà passiva paritaria (non per gli illeciti commessi con dolo o colpa grave), sebbene con alcune correzioni;

c) mentre la morte costituisce un'ipotesi di estinzione del reato e della sanzione penale, l'obbligazione derivante dall'irrogazione di sanzioni amministrative può sopravvivere alla morte dell'autore e dell'illecito e subire vicende traslative: la riforma del 1997, pur statuendo in linea di principio l'intrasmissibilità agli eredi della sanzione pecuniaria, ha statuito che se i trasgressori hanno agito quali funzionari e amministratori di società, in ogni caso la sanzione si trasmette al soggetto collettivo, anche quando al momento della morte del trasgressore, essa non sia stata ancora irrogata.

Dal modello risarcitorio della legge del 1929 al modello para penalistico della riforma del 1997.

Fino alla riforma del 1997 le sanzioni amministrative erano chiamate ad assolvere ad una funzione risarcitoria del danno provocato all'erario dalle condotte costituenti evasioni di imposta o inosservanza di obblighi formali.

Non si aveva di mira la mortificazione, l'afflizione, l'intimidazione del colpevole, ma semplice eliminazione delle conseguenze prodotte dall'illecito sul patrimonio dell'ente impositore: era evidente il carattere risarcitorio della soprattassa e non afflittivo della pena pecuniaria.

Le scelte fondamentali in chiave parapenalistica della riforma organica del sistema sanzionatorio amministrativo.

La riforma ha completamente stravolto il modello risarcitorio, finendo per conferire alla sanzione amministrativa pecuniaria le sembianze di una sanzione penale:

1. le due precedenti sanzioni pecuniarie (soprattassa e pena pecuniaria) sono confluite in un'unica indistinta sanzione pecuniaria che può presentarsi come fissa o elastica;

2. non può essere assoggettato a sanzione amministrativa chi, al momento della commissione del fatto illecito, non aveva capacità di intendere e di volere;

3. nelle violazioni punite con sanzioni amministrative ciascuno risponde della propria azione cosciente e volontaria,sia essa colposa o dolosa;

4. quando più persone concorrono in una violazione, non ricorre il fenomeno della solidarietà passiva e ciascuna di esse soggiace alla sanzione per questa disposta;

5. la sanzione è direttamente riferibile alla persona fisica che ha commesso o concorso a commettere la violazione, mai a società o enti;

6. la sanzione non produce interessi;

7. l'obbligazione al pagamento della sanzione si estingue con la morte del colpevole (principio di intrasmissibilità agli eredi).

I principi peculiari del sistema sanzionatorio amministrativo.

I principi peculiari che caratterizzano l'applicazione delle sanzioni amministrative sono improntati al principio del ***favor rei****:*

1. La retroattività dell'abrogazione dell'illecito;

2. La retroattività della norma più favorevole;

3. l'irretroattività della norma più sfavorevole.

È inoltre previsto:

4. il principio della riserva assoluta di legge, il quale comporta il divieto di introdurre sanzioni con fonti diversi dalla legge;

5. è stato codificato un elenco di cause di non punibilità, ampliato con l'entrata in vigore dello statuto dei diritti del contribuente (ad esempio la punibilità è esclusa in caso di violazioni che non arrecano pregiudizio all'esercizio delle azioni di controllo e non incidono sulla determinazione della base imponibile dell'imposta e sul versamento del tributo);

6. aspetti peculiari per quanto riguarda la disciplina dell'elemento soggettivo. In materia di illeciti tributari renali la sola forma di dolo possibile è quello specifico e diretto. La colpa è grave quando l'imperizia o la negligenza del comportamento sono indiscutibili e non è possibile dubitare ragionevolmente del significato e la portata della norma violata;

7. salva l'ipotesi di concorso di persone, chi con violenza o minaccia o inducendo altri in errore incolpevole, ovvero avvalendosi di persona incapace di intendere e di volere, determina la commissione di violazione ne risponde in luogo del suo autore materiale;

8. *sono dettate regole particolari*:

i. per il concorso formale di più illeciti, che si ha quando con una sola azione o commissione si violano diverse disposizioni anche relative a diversi tributi;

ii. per il concorso materiale consistente nella reiterata violazione della stessa disposizione formale con più azioni o omissioni, in tempi diversi;

iii. per la continuazione, della quale si dà una definizione diversa da quella pianistica;

9. il ravvedimento dà luogo ad una riduzione da sanzione amministrativa qualora intervenga anteriormente alla contestazione della violazione, o comunque prima di attività amministrative di accertamento.

La sanzione viene ridotta ad 1/8 del minimo, nel caso di mancato pagamento del tributo o di un acconto, se esso viene eseguito nel termine di 30 giorni dalla data della sua omissione.

La sanzione è ridotta ad 1/5 del minimo, in caso la regolarizzazione di errori o omissioni sia compiuta entro il termine per la presentazione della dichiarazione relativa all'anno nel corso del quale è stata commessa violazione o, se non è prevista dichiarazione periodica, entro un anno dall'omissione o dall'errore.

La diminuzione è pari ad 1/8 del minimo rispetto la sanzione prevista nel caso di omessa presentazione della dichiarazione, se questa viene presentata con un ritardo non superiore a 90 giorni; della stessa misura è ridotta la sanzione disposta per l'omessa presentazione della dichiarazione IVA, qualora la stessa venga presentata con ritardo non superiore a 30 giorni.

Il pagamento della sanzione ridotta deve essere contestuale alla regolarizzazione del pagamento omesso e al pagamento degli interessi.

Quando la liquidazione deve essere eseguita dall'ufficio, il ravvedimento si perfeziona con l'esecuzione dei pagamenti entro 60 giorni dalla notificazione dell'avviso di liquidazione.

A seguito del decreto legislativo 32 del 2001 i casi di omissione o di errore che non ostacolano un'attività di accertamento in corso e che non incidono sulla determinazione sul pagamento del tributo non sono più sanzionati (quindi non si può parlare di ravvedimento).

Due tipologie di illecito fiscale disciplinate in modo differente: illecito caratterizzato da dolo o colpa grave, ed illecito contrassegnato da culpa lieve.

Come illustrato, una delle caratteristiche peculiari delle sanzioni amministrative, che le differenziava da quelle penali, era la sussistenza di una responsabilità solidale dei vari soggetti ai quali risultava imputabile la violazione.

Questa caratteristica non è più elemento caratterizzante di tutti illeciti fiscali : la responsabilità solidale tra i vari soggetti cui risulta applicabile la violazione ,ora è una caratteristica propria solo degli illeciti fiscali caratterizzati da colpa lieve.

a) Se la violazione non è commessa con dolo o colpa grave, la sanzione irrogata non può essere eseguita nei confronti dell'autore che non ne abbia tratto vantaggio diretto per il più di 100 milioni, rimanendo per intero la responsabilità prevista a carico della persona fisica, della società, dell'associazione o dell'ente alcun interesse è stato compiuto l'illecito. Inoltre il pagamento delle sanzioni e, nel caso in cui siano state erogate sanzioni diverse, il pagamento di quella più grave estingue tutte le obbligazioni indipendentemente da chi lo abbia in seguito.

b) In caso di dolo o colpa grave la responsabilità grava su una persona fisica autrice materiale dell'illecito. Quando l'illecito è ascrivibile ad una persona che ha operato in qualità di dipendente o rappresentante legale della persona fisica, di una società, associazione o l'ente, la persona fisica, la società, l'associazione o l'ente nell'interesse dei quali ha agito l'autore della violazione sono obbligati solidalmente al pagamento di una somma pari alla sanzione irrogata; è fatto salvo il diritto di regresso della persona fisica, società, associazione o ente nei confronti dell'autore materiale dell'illecito in questione.

Se la violazione è commessa in concorso da due o più persone con dolo o colpa grave, alle quali sono state irrogate sanzioni diverse, la persona fisica, la società o l'associazione o l'ente sono obbligati al pagamento di una somma pari alla sanzione più grave.

Se,ad esempio, quattro dipendenti della società Alfa sono condannati rispettivamente al pagamento delle sanzioni di 1,2,3 e 4 miliardi, la società Alfa sarà obbligata al pagamento solamente di quella pari a 4 miliardi, mentre non sussisterà alcuna responsabilità di Alfa per le restanti altre sanzioni.Il fisco percepisce 10 miliardi

Nel caso i dipendenti abbiano agito con colpa lieve, l'obbligazione sanzionatoria di 4 miliardi viene a radicarsi in capo ad Alfa, la quale se paga non ha diritto di regresso;in caso di mancato pagamento da parte di Alfa, il fisco può rivalersi sui quattro dipendenti, mentre un limite massimo di 100 milioni.

Il carattere della sanzione pecuniaria.

La principale sanzione amministrativa è la sanzione pecuniaria, ossia l'obbligazione di pagare all'ente impositore una somma di denaro, il cui ammontare viene perlopiù determinato dalla legge entro il limite minimo e un limite massimo (si parla di elasticità della sanzione pecuniaria).

La somma da pagare deve essere determinata avendo riguardo alla gravità della violazione, anche se gli organi preposti all'irrogazione della sanzione hanno comunque un potere discrezionale.

Sono previste aggravanti per il recidivo (fino a metà) e attenuanti (fino alla metà) in caso di irrisorietà della violazione rispetto al sanzione irrogabili.

Il procedimento di irrogazione.

La nuova legge del 1997 prevede due tipi di procedimento di irrogazione della sanzione:

A. procedimento semplificato.

Nel caso di sanzioni collegate al tributo involgenti violazioni che hanno dato luogo ad evasioni di imposta, le sanzioni stesse possono essere irrogate senza previa contestazione dell'illecito al trasgressore e con l'applicazione, in quanto compatibili, delle disposizioni che regolano il procedimento di accertamento del tributo, mediante la notifica di un atto motivato a pena di nullità, contestualmente all'avviso di procedimento o all'avviso di rettifica.

B. Procedimento interrogativo svincolato dall'accertamento tributario.

Il procedimento prende avvio dalla notificazione di un atto di contestazione della violazione. Tale atto deve contenere l'invito al pagamento di somme dovute nel termine di 60 giorni dalla sua notificazione e l'invito nello stesso termine le deduzioni difensive e l'indicazione dell'organo al quale porre l'impugnazione immediata.

A questo punto il trasgressore può:

a) definire il contesto entro 60 giorni;

b) ricorrere contro l'atto interrogativo entro 60 giorni;

c) presentare deduzioni difensive, in tal caso l'ufficio, nel termine di decadenza di un anno, irroga se del caso le sanzioni con atto motivato a pena di nullità anche in ordine alle deduzioni difensive prodotte. Quest'atto può essere impugnato entro 60 giorni.

Le sanzioni accessorie alle sanzioni amministrative.

Il legislatore prevede sanzioni accessorie alle sanzioni amministrative di tipo interdittivo:

- interdizione per massimo sei mesi dalle cariche di amministratore, sindaco o revisore di società di capitali e di enti con personalità giuridica;
- interdizione dalla partecipazione a gare per l'affidamento di pubblici appalti o forniture per un massimo di sei mesi; sospensione per massimo sei mesi nell'attività di lavoro autonomo o d'impresa.

Le singole leggi d'imposta, nel prevedere i casi di applicazione delle sanzioni accessorie, stabiliscono i limiti temporali in relazione alla gravità dell'inflazione e ai limiti minimi e massimi della sanzione principale.

Deve ritenersi abbia natura di sanzione accessoria anche la confisca, purché essa non acceda ad una sanzione penale, nel qual caso assume la natura di misura amministrativa di sicurezza ai sensi dell'art.240 c.p.

Sanzioni civili o sanzioni ripristinatorie.

Accanto alle sanzioni amministrative la legge prevede sanzioni di natura civilistica, che hanno la funzione di reintegrare il danno subito dallo Stato in conseguenza della violazione della norma. Per queste sanzioni la trasmissione agli eredi è indiscussa.

Appartiene al novero delle sanzioni civili la responsabilità dei liquidatori, degli amministratori, e dei soci prevista dall'articolo 36 del d.p.r. 602 del 1973, la quale trova la propria causa dell'indebito arricchimento dei soggetti responsabili. Appartengono alle sanzioni civili anche gli interessi moratori i quali decorrono dal giorno in cui il tributo è divenuto esigibile e sono dovuti secondo il tasso del **3% semestrale**(o 2.75% annuo da chiedere).

Ha carattere risarcitorio anche l'indennità di mora, la quale è dovuta dal contribuente al concessionario competente per la riscossione qualora sia inutilmente decorso il termine per il pagamento di un'imposta di discutibile in base ai ruoli.

I raggruppamenti degli illeciti amministrativi nei vari tipi di imposte e la modulazione delle sanzioni ad essi correlate.

Tutti i tipi di illecito vengono raccolti in tre gruppi:

1. illeciti concernenti la violazione di obblighi meramente formali(sanzione elastica, compresa tra un minimo e massimo fissi);
2. illeciti relativi alla dichiarazione tributaria(sanzione elastica, compresa tra un minimo e massimo variabili in relazione alla singola fattispecie);
3. illeciti concernenti i versamenti di somme a titolo di imposta(sanzione anelastica,ma non fissa, poiché correlata all'ammontare dell'imposta di cui è stato omesso o ritardato il versamento).

L'inopinata reintroduzione della diretta ed esclusiva responsabilità di società ed enti dotati di personalità giuridica (articolo 7 decreto legge 269 del 2003, convertito in legge 323 del 2003).

L'articolo 7 del decreto legislativo 269 del 2003 ha stabilito che "le sanzioni amministrative relative al rapporto fiscale proprio di società o enti con personalità giuridica sono esclusivamente a carico della persona giuridica".

È stato in questo modo reintrodotto il principio dell'esclusiva riferibilità alle società o enti dotati di personalità giuridica delle sanzioni amministrative relative alla violazione degli obblighi tributari di qualsiasi natura riguardanti le società predette, ed è stato al contempo stabilito che, per quanto riguarda le sanzioni relative a tali violazioni, le disposizioni del decreto legislativo 472 del 1997 si applicano solo "in quanto compatibili".

Il decreto-legge 269 del 2003 ha abbandonato il principio della diretta responsabilità dell'autore dell'illecito per le sole violazioni riguardanti i rapporti tributari dei soggetti dotati di personalità giuridica, mentre per i soggetti privi di tale personalità è applicabile il sistema disegnato dal decreto legislativo 472 del 1997.

Ci si chiede se un sistema tanto irragionevole, connotato di incomprensibili differenziazioni (ad esempio tra la posizione degli amministratori delle società di capitali e gli amministratori delle società di persone i quali continuano ad essere responsabili per le sanzioni sia in via principale in regresso) possa reggere ad un futuro vaglio di legittimità costituzionale.

Quadro generale della giurisdizione tributaria.

Anche per le controversie tra amministrazione finanziaria e contribuenti relativi all'applicazione dei tributi valgono le regole costituzionali che assicurano la tutela giurisdizionale dei diritti e degli interessi legittimi. Ai contribuenti è quindi garantita la possibilità di sottoporre al vaglio di un giudice le pretese delle agenzie erariali o degli enti impositori che ritengano non conformi a legge e lesive dei loro diritti o interessi legittimi.

Fino al dicembre 2001 le controversie tributarie erano affidate al giudice civile, mentre in relazione ad una serie di imposte tassativamente individuate la giurisdizione era attribuita in via esclusiva alle commissioni tributarie.

Dal 2002, l'articolo 12 della legge 448 del 2001 ha esteso la giurisdizione delle commissioni tributarie alle controversie "aventi ad oggetto i tributi di ogni genere e specie" e "Le sanzioni amministrative comunque irrogate da uffici finanziari, gli interessi ed ogni altro accessorio", lasciando al giudice civile i soli giudizi riguardanti gli atti dell'esecuzione forzata tributaria successivi alla notifica della cartella di pagamento.

Le commissioni giudicano inoltre una serie di controversie catastali e su certi canoni.

La giurisdizione ordinaria.

Secondo l'interpretazione ministeriale i ricorsi amministrativi che precedevano l'azione giudiziaria dinanzi a al giudice civile, non sarebbero più esperibili a partire dal gennaio 2002, in quanto incompatibili con il meccanismo di tutela dinanzi al giudice tributario (salvo la prosecuzione di quelli pendenti al 31 dicembre 2001).

In merito la disciplina generale, applicabile ai tributi diversi da quelli locali, dalle imposte di fabbricazione e consumo e di diritti doganali, prevedeva un ricorso amministrativo contro il ruolo della direzione regionale delle entrate, per motivi di legittimità o di merito. Per il rimborso dei tributi di questo tipo, si ritengono applicabili le regole delle singole leggi d'imposta che prevedevano dopo l'istanza due gradi di ricorso amministrativo e l'esperibilità dell'azione giudiziaria entro 90 giorni dalla decisione definitiva, ovvero dopo 180 giorni dalla presentazione del ricorso, qualora non fosse intervenuta la decisione di esso.

Per i tributi doganali, nonché per l'Iva sulle importazioni, l'articolo 22 del decreto legislativo 374 del 1990 consentiva di esperire i rimedi giurisdizionali in sede civile ed amministrativa entro 60 giorni da quando fossero divenuti definitivi l'accertamento o la rettifica o fosse stato rigettato il ricorso al direttore compartimentale volto ad ottenerne la revisione.

Per quanto riguarda la giurisdizione in materia di esecuzione forzata tributaria, l'articolo 2 del decreto legislativo 546 del 1992 conferma la giurisdizione del giudice ordinario. Per ragioni di cautela fiscale sono posti dei limiti anche all'opposizione di terzo all'esecuzione ai sensi dell'articolo 619 codice procedura civile, da parte di terzi che assumono di avere la proprietà o altro diritto reale su beni pignorati per debiti tributari.

È prospettabile un'azione davanti al giudice ordinario per la tutela dei diritti soggettivi che si ritenessero lesi dall'attività di indagine dell'amministrazione finanziaria (**per esempio l'inviolabilità del domicilio**) :per quanto l'inutilizzabilità delle prove illecitamente raccolte nel processo tributario soddisfi l'interesse patrimoniale dei contribuenti a non essere assoggettati ad un prelievo fondato su un procedimento illegittimamente svoltosi, è evidente che non sono tutelati efficacemente i diritti compressi dall'attività ispettiva.

Rientrano nella giurisdizione ordinaria le controversie tra privati concernenti rapporti regolati da norme tributarie (**ad esempio le liti sull'esistenza o sulla misura del credito di rivalsa IVA**).

La giurisdizione del giudice amministrativo. La Corte di Giustizia

La tutela degli interessi legittimi non riconducibili nell'ambito della giurisdizione delle commissioni tributarie spetta al giudice amministrativo.

In primo luogo, posto che la giurisdizione tributaria riguarda atti inerenti a singoli rapporti di imposta, saranno impugnabili con ricorso al giudice amministrativo gli atti generali, in particolare i regolamenti (in realtà anche nel processo tributario può essere dedotta l'illegittimità di atti generali, ma la commissione può solo disapplicare tale atto, mentre il giudice amministrativo lo può annullare con effetto erga omnes). Le circolari non sono impugnabili dinanzi al Tar.

In secondo luogo il ricorso al giudice amministrativo concerne provvedimenti individuali, lesivi di interessi legittimi, che non rientrino tra quelli previsti come impugnabili dinanzi alle commissioni tributarie o che non siano strettamente strumentali a questi ultimi, cosicché la tutela nei confronti di essi non possa essere assicurata attraverso il ricorso contro suddetti atti impugnabili davanti al giudice tributario(i provvedimenti in tema di domicilio fiscale).

Inoltre è prospettabile l' impugnabilità davanti al giudice amministrativo degli atti istruttori dell'amministrazione finanziaria e lesivi di interessi legittimi.

Infine al giudice amministrativo si può chiedere la tutela del diritto di accesso agli atti dei procedimenti tributari.

Le commissioni tributarie:organizzazioni e composizione.

Il decreto legislativo 545 del 1992 riordina le commissioni in:

-commissioni tributarie provinciali per il primo grado

-commissioni tributarie regionali per il secondo grado

con sede nei rispettivi capoluoghi, e conserva la commissione tributaria centrale solo fino all'esaurimento dei ricorsi pendenti ad essa.

Ogni commissione ha un presidente ed è formata da una o più sezioni con un presidente, vicepresidente e almeno quattro giudici. Nell'ambito di queste si formano i collegi giudicanti, composti da tre votanti e presieduti dal presidente che ha anche funzioni proprie (*ad esempio quella di assegnare i ricorsi alle sezioni*).

Le commissioni tributarie sono assistite da uffici di segreteria.

La scelta dei componenti è fatta dal consiglio di presidenza della giustizia tributaria in base alle liste di aspiranti e i prescelti sono nominati con d.p.r. su proposta del ministro delle finanze.

Tali scelte non sono libere: per essere componenti delle commissioni bisogna possedere i requisiti di cui all'**articolo 7** decreto legislativo 545 (cittadinanza italiana, godimento dei diritti civili e politici, della buona condotta, di età non superiore a 72 anni, dell'idoneità fisica e psichica, della residenza nella regione ove era sì della commissione, di non aver riportato determinate condanne); **l'articolo 8** prevede delle situazioni di

Incompatibilità derivanti dall'esercizio di determinate funzioni (ad esempio la posizione di parlamentare, consigliere regionale comunale provinciale, prefetto…).

I criteri di valutazione degli aspiranti sono prefissati dal legislatore ed i posti vacanti sono assegnati prioritariamente per trasferimento di chi sia già giudice tributario.

Il ruolo di presidente, anche di sezione, è riservato ai magistrati, mentre vicepresidenti possono essere anche componenti di commissioni con una determinata anzianità ed i laureati in giurisprudenza o in economia.

Tali requisiti comportano senz'altro un notevole innalzamento del livello di preparazione giuridica o tecnico- contabile necessaria per svolgere il ruolo di giudice tributario. L'affidamento della scelta dei giudici ad un organo di autogoverno, il consiglio di presidenza della giustizia tributaria, il quale forma graduatorie dei soggetti in possesso dei requisiti prescritti che si siano dichiarati disponibili ad assumere l'incarico, rafforza le garanzie di obiettività della selezione.

Tuttavia, nonostante tali miglioramenti apportati dal decreto legislativo 545 è chiaro che il modello del giudice non togato non è in grado di risolvere i problemi di giustizia tributaria; è senz'altro preferibile la soluzione del giudice tributario professionale e a tempo pieno, per le garanzie di specializzazione ed efficienza che esso può fornire.

Giurisdizione delle commissioni tributarie.

Il nuovo art. 2 del decreto legislativo 546 del 1992 estende la giurisdizione delle commissioni, per i ricorsi presentati dal 2002, ai "tributi di ogni genere e specie, comunque non denominati compresi i regionali, provinciali e comunali "nonché alle sanzioni "amministrative, comunque irrogate da uffici finanziari, interessi e ogni altro accessorio", ferma restando la preesistente giurisdizione sulle operazioni catastali riferite ai singoli immobili.

La giurisdizione delle commissioni tributarie non è tuttavia individuata soltanto dall'oggetto su cui verte la controversia. Occorre anche che questa intercorra tra uno o più soggetti passivi(contribuenti, sostituti o responsabili d'imposta) e l'amministrazione finanziaria (infatti le controversie tra privati rientrano nella giurisdizione del giudice ordinario).

Inoltre, ad individuare tale giurisdizione concorre il principio per il quale processo può essere introdotto solo con il ricorso avverso gli atti indicati nell'articolo 19 decreto legislativo 546 (l'avviso di accertamento, l'avviso di liquidazione, il provvedimento di irrogazione di sanzioni, il ruolo…); mentre gli altri atti non sono impugnabili autonomamente, così che i vizi di essi non saranno rilevanti, e potranno essere fatti valere nel processo tributario, in quanto comportino l'illegittimità di un successivo atto impugnabile. L'elenco degli atti dell'articolo 19 è tassativo, ma ciascuno di essi può essere interpretato estensivamente o analogicamente.

L'articolo 2 riconosce al giudice tributario il potere di risolvere in via incidentale, quindi senza l'efficacia del giudicato, ogni questione da cui dipende la decisione delle controversie rientranti nella sua di giurisdizione, salvo quelle in materia di querela di falso e stato o capacità delle persone.

Natura ed oggetto del processo tributario.

Il problema più dibattuto riguardo al processo tributario è quello del suo oggetto, se cioè, quando siano impugnati atti dell'amministrazione finanziaria, il giudizio sia di accertamento del rapporto obbligatorio di imposta, ovvero di annullamento dell'atto, posto il decreto legislativo 546 non risolve il problema. Tale problema investe la misura della tutela offerta dalle commissioni tributarie, cioè se ed in quali limiti il contribuente possa far valere la violazione delle norme procedimentali riguardanti le modalità dell'azione di prelievo e i requisiti formali degli atti degli uffici, e se il contenuto del provvedimento impugnato delimiti l'ambito del giudizio.

La Cassazione ha affermato che la commissione tributaria è giudice sia dell'atto, sia del rapporto: deve cioè conoscere della legittimità formale e sostanziale del provvedimento impugnato; il giudizio di merito sul rapporto non è possibile quando l'atto presenti certi vizi formali, in particolare il difetto assoluto di motivazione e in tali casi il giudice deve arrestarsi all'annullamento di esso.

In dottrina si contrappongono la **teoria dichiarativa**, per la quale il processo è di accertamento del rapporto di imposta(il giudizio sarebbe di impugnazione-merito: il profilo impugnatorio sarebbe solo formale, riguardando l'introduzione del processo con ricorso da proporre entro i termini di decadenza, mentre la decisione dovrebbe attenere al merito del rapporto, sostituendosi all'atto impugnato), e quella **costitutiva**, per la quale esso è un giudizio sulla legittimità di provvedimenti impugnati, che può sfociare nel loro annullamento.

Quanto all'oggetto dei processi di rimborso, questo è ravvisato nel diritto al rimborso non solo dai dichiarativisti, ma anche da una parte dei costitutivisti, mentre secondo altri esponenti di questo indirizzo sarebbe esperita in ogni caso l'azione di annullamento, anche in caso di silenzio dell'amministrazione finanziaria, considerandosi quest'ultimo procedimento di rigetto implicito della domanda di rimborso.
L'opinione preferibile è che il processo incardinato con l'impugnazione di atti positivi concerna la legittimità di questi, e metta capo, qualora siano rilevati vizi non sanati, ad una decisione di annullamento, mentre l'azione di rimborso dà luogo ad un giudizio di accertamento del diritto del contribuente al rimborso.
Il giudizio deve avere in ogni caso ad oggetto i vizi dell'atto.
Quanto alle controversie di rimborso, benché anche in esse sia dedotta l'illegittimità del diniego o del silenzio dell'amministrazione finanziaria, è evidente che il giudizio è di accertamento del diritto al rimborso.

Atti impugnabili, tutela contro gli atti non impugnabili, azioni di rimborso.

Gli atti contro i quali può essere proposto ricorso alle commissioni tributarie sono solo quelli individuati dall'articolo 19 del decreto legislativo 546:

- l'avviso di accertamento;
- l'avviso di liquidazione;
- il provvedimento di irrogazione di sanzioni;
- il ruolo e la relativa cartella di pagamento;
- l'avviso di mora;
- l'iscrizione di ipoteca sugli immobili;
- il fermo di beni mobili registrati;
- i dati relativi alle operazioni catastali;
-il rifiuto espresso o tacito di retribuzioni di tributi, sanzioni pecuniarie, interessi ed altri accessori non dovuti;
- il diniego o revoca di agevolazioni;
- il rigetto di domande di definizione agevolata di rapporti tributari;
- ogni altro atto per il quale legge stabilisca l'impugnabilità dinanzi alle commissioni tributarie.

Il ricorso alla commissione tributaria non è proponibile immediatamente contro qualsiasi atto o comportamento dell'amministrazione finanziaria dal quale il contribuente si ritenga leso in modo diretto ed attuale, né tantomeno per rimuovere l'incertezza sul trattamento fiscale di una fattispecie, ma è il legislatore individuare i provvedimenti idonei a determinare una lesione siffatta.
Tuttavia, se gli atti non indicati in tale elenco fossero sottratti al controllo giurisdizionale, ciò contrasterebbe con l'articolo 113 costituzione che assicura la tutela dei diritti e degli interessi legittimi contro tutti gli atti

della pubblica amministrazione. *Il meccanismo prescelto dal legislatore tributario per assicurare tale tutela consiste nel differirla fino all'emanazione del successivo atto impugnabile*: ad esempio, i vizi degli atti istruttori possono essere fatti valere nel giudizio attraverso gli atti di accertamento basati su di essi.
Quando gli atti i cui vizi si riflettano su quello impegnato siano a loro volta autonomamente impugnabili ai sensi dell'articolo 19 e il contribuente non si è avvalso tempestivamente della possibilità di tutela offertagli, non potrà contestarne utilmente la legittimità di attraverso il ricorso contro quelli successivi, né attraverso un'autonoma azione di rimborso (ciascuno degli atti impugnabili può essere impugnato solo per vizi propri).
Quanto alle azioni di rimborso, si è confermata con il decreto legislativo 546 l'esigenza di una previa istanza dell'amministrazione finanziaria, prevedendosi come atto impugnabile solo il rigetto espresso o tacito di questa ed escludendosi così disponibilità dell'azione generale di ripetizione dell'indebito, al di fuori della disciplina di tali istanze.
L'equiparazione ad un rigetto del silenzio dell'amministrazione finanziaria per 90 giorni risulta dalla regola per la quale il ricorso avverso il rifiuto tacito è proponibile dopo 90 giorni dalla domanda l'istituzione e fino a quando il diritto al rimborso non sia prescritto. Ciò conferma che l'azione di rimborso è diretta a far valere tale diritto.

Le parti.

Parti essenziali del processo sono, da un lato il ***resistente***, cioè l'organo che ha emanato l'atto impugnato, dall'altro il ***ricorrente***, cioè destinatari di tale atto.
Per i tributi erariali, la parte resistente è l'ufficio locale o la direzione regionale o compartimentale dell'agenzia delle entrate, di quella del territorio o di quella delle dogane che ha provveduto o dovrà provvedere; in caso di liti su tributi locali resistente sarà l'ente impositore; in caso di impugnazione della cartella esattoriale, atto del concessionario della riscossione, se la controversia riguarda la pretesa tributaria, quest'ultimo dovrà chiamare in causa l'ente impositore, rispondendo altrimenti delle conseguenze della lite.
Occorre accennare alla possibilità di litisconsorzio, ossia di proposizione della domanda da parte di più autori o contro più convenuti, e di intervento.
Quanto al litisconsorzio necessario l'articolo 14 del decreto legislativo 546 contempla l'ipotesi in cui l'oggetto del ricorso riguardi inscindibilmente più soggetti, stabilendo che in tal caso la controversia non può essere decisa limitatamente ad alcuni di essi e prevedendo la chiamata in causa di quelli che non siano già tra coloro dai quali, o nei confronti dei quali, il ricorso è stato promosso; ciò però non aiuta a comprendere quando si realizzino i casi di inscindibilità.
In merito al *litisconsorzio facoltativo*, ossia la possibilità che più parti agiscano o siano convenute allo stesso processo, in quanto le varie cause siano connesse per l'oggetto il titolo,in quanto la decisione dipende

dalla soluzione di questioni identiche, è da precisare che situazioni del genere possono presentarsi, ad esempio, dal lato dei ricorrenti, in caso di obbligazione solidale o di accertamento dei redditi prodotti in forma associata.

Quanto all'intervento e alle chiamate in causa di terzi, l'articolo 14 regola espressamente l'intervento e le chiamate in causa dei soggetti destinatari dell'atto impugnato o pari del rapporto controverso insieme al ricorrente, escludendo per essi la possibilità di impugnare autonomamente l'atto, se il relativo termine è già scaduto.

Va accennata la possibilità di riunione di distinti processi relativi alla medesima controversia o a controversie altrimenti connesse per i soggetti o per l'oggetto, pendenti davanti alla stessa sezione o almeno alla stessa commissione tributaria, con la possibilità per il collegio di disporne la separazione con ordinanza motivata qualora rilievi dell'unione ritardi o renda più gravoso processo.

Le parti devono essere assistite da un difensore abilitato, salvo che per controversie di valore inferiore a 2600 o per i ricorsi contro i ruoli dei Centri di servizio.

Il ricorso e il procedimento di primo grado.

L'atto introduttivo del processo tributario ha forma di ricorso alla commissione tributaria provinciale. Devono essere identificati la commissione tributaria adita, il ricorrente e l'eventuale legale suo rappresentante, l'oggetto della domanda, l'atto impugnato, l'ufficio, l'ente locale o il concessionario contro il quale è proposto il ricorso, i motivi di impugnazione. Il ricorso, sempre a pena di inammissibilità, per essere sottoscritto dal difensore.

È competente per territorio la commissione nella cui circoscrizione ha sede l'ufficio finanziario contro cui è proposto il ricorso.

I motivi del ricorso sono le ragioni di fatto e di diritto della domanda giudiziale, consistenti nell'individuazione dei vizi formali e sostanziali dell'atto impugnato, ovvero del titolo del diritto al rimborso preteso. I motivi, oltre a costituire giustificazione della domanda giudiziale, concorrono a delimitare la materia del contendere sottoposta alla commissione tributaria, la quale non potrà conoscere i vizi dell'atto impugnato non dedotti dal contribuente.

Il ricorso viene proposto (entro 60 giorni dalla notifica degli atti espressi o, in caso di rifiuto tacito, dopo 90 giorni dalla domanda all'amministrazione finanziaria e fino alla prescrizione del diritto) notificandolo alla controparte.

Il ricorrente ha poi l'onere di costituirsi in giudizio, portando così la controversia dinanzi alla commissione tributaria. A tale scopo, a pena di inammissibilità del ricorso, deve depositare in segreteria entro 30 giorni dalla notifica l'originale, se la notifica è stata fatta ai sensi del codice di procedura civile, altrimenti una

copia, della quale attesterà la conformità all'originale spedito o consegnato, nonché fotocopia della ricevuta del deposito o spedizione. Inoltre il ricorrente deve depositare il proprio fascicolo, contenente l'atto impugnato e i documenti prodotti.
La segreteria forma il fascicolo del processo e lo sottopone al presidente della commissione, che assegna il ricorso ad una sezione; il resistente ha l'onere di costituirsi in giudizio, entro 60 giorni dal ricevimento della notifica del ricorso, depositando presso la segreteria un fascicolo con le proprie controdeduzioni.
Scaduti i termini per la costituzione, il presidente della sezione procede ad un esame preliminare del ricorso. In questa sede ha il potere di dichiarare la manifesta inammissibilità del ricorso o la sospensione, interruzione o estinzione del processo, con decreto comunicato le parti, che potranno presentare reclamo al collegio entro 30 giorni. Altrimenti fissa la trattazione della controversia e nomina il relatore. La data della trattazione è comunicata le parti costituite almeno 30 giorni liberi prima, ed esse possono depositare documenti fino a 20 giorni liberi prima e memoria fino a 10 giorni liberi prima.
Il ricorrente per chiedere alla commissione la sospensione dell'esecuzione dell'atto impugnato, se può derivargliene un danno grave e irreparabile, con istanza motivata sempre che si sia costituito.
La trattazione della controversia è fatta in camera di consiglio, senza le parti, salvo che una di esse ne chieda la discussione in udienza pubblica, con istanza notificata alle parti costituite e depositate in segreteria, entro il termine per la presentazione delle memoria.
Dopo l'esposizione del relatore e la discussione delle parti, se presenti, il collegio dei libererà in camera di consiglio.

La decisione; le prove.

Come si è detto , non necessariamente dopo l'udienza il collegio adotta una decisione che concluda il procedimento di primo grado, essendo possibile che egli rilevi una causa di interruzione o di sospensione.
Nel decreto legislativo 546 la sospensione è prevista solo per la querela di falso e le questioni sullo stato o capacità di persone, salvo quella di stare in giudizio; l'interruzione si verifica per il venir meno o la perdita della capacità di stare in giudizio di una parte, diversa dall'ufficio, o del suo rappresentante legale, o per la cessazione della rappresentanza o la morte, sospensione o radiazione di un difensore. Entrambe impediscono di compiere atti del processo ed interrompono i termini in corso; il processo riprende se entro sei mesi dalla cessazione della causa di sospensione o dall'interruzione una delle parti avanza istanza di trattazione al presidente della sezione, altrimenti si estingue.
Quanto alle decisioni che concludono il procedimento di primo grado,esse sono pubblicate mediante deposito in segreteria entro 30 giorni dalla deliberazione; entro ulteriori 10 giorni la segreteria ne comunica il dispositivo alle parti costituite.

Sotto il profilo del contenuto le decisioni si distinguono in ***pronunce di rito*** (dichiarano l'impossibilità per ragioni processuali, di esaminare le questioni concernenti l'illegittimità dell'atto impugnato o la spettanza del rimborso richiesto) e ***pronunce di merito*** (che tali questioni risolvono accogliendo o rigettando il ricorso totalmente o parzialmente).L'articolo 15 del decreto legislativo 546 ha introdotto la condanna alle spese di giudizio del soccombente.

Tra le *decisioni di rito*, vanno ricordate quelle che dichiarano il difetto di giurisdizione del giudice tributario o l'incompetenza della commissione adita. Oltre che dall'inattività delle parti, l'estinzione può derivare da rinuncia al ricorso o dalla cessazione della materia del contendere.

Quanto alle *decisioni di merito*, quelle di rigetto dei ricorsi contro atti impositivi accertano che non sussiste il diritto o l'interesse legittimo fatto valere dal contribuente come fondamento dell'azione; esse non si sostituiscono all'atto impugnato nel legittimare l'ulteriore azione amministrativa, ma eventualmente eliminano un ostacolo alla riscossione dell'imposta pretesa, quando questa sia graduale.

Le *decisioni di rigetto* di domande di rimborso accertano l'insussistenza del diritto affermato dal ricorrente.

Le *decisioni di accoglimento di ricorsi contro atti impositivi* annullano totalmente o parzialmente questi ultimi.

Le *decisioni di accoglimento delle domande di rimborso* accertano il diritto fatto valere, nonché su richiesta del contribuente, condannano l'amministrazione finanziaria al pagamento del credito accertato.

I fatti rilevanti per decidere sono delimitati dal motivo dell'atto ed il ricorso: solo all'interno di questi sono eventualmente consentite ulteriori specificazioni, attraverso le successive difese delle parti. Non sembra invece che la commissione tributaria possa ricercare fatti ulteriori, rispetto a quelli dedotti dalle parti, per pervenire ad una decisione più conforme alla verità materiale. La commissione tributaria potrà chiedere alle parti di chiarire le loro allegazioni, e basarsi sui fatti comunque emersi nel processo, per formulare ragionamenti presuntivi in ordine alle questioni controversie, ma non sfruttare propri poteri per indagini analoghe a quelle degli uffici, che facilmente porterebbero ad una sorta di funzione supplente delle carenze dell'istruttoria amministrativa o della difesa del contribuente, ponendo in pericolo l'imparzialità del giudice di fronte alla tesi dell'uno o dell'altro. Vi è quindi divieto di indagini esplorative per scoprire fatti nuovi non dedotti e per supplire alle carenze istruttorie dell'ufficio.

Quanto all'acquisizione delle prove,dovrebbero essere in primo luogo le parti a fornire le prove necessarie a decidere sui fatti controversi. Ciò fa sì che nella maggior parte dei casi la commissione possa decidere in base ai documenti depositati dall'ufficio e dal contribuente, e per questo legislatore processuale tributario non ha previsto udienze istruttorie prima di quella destinata la trattazione della causa, diversamente da quanto vale per il processo civile.

Tuttavia è possibile che il materiale probatorio acquisito fino a quel momento sia sufficiente per decidere e, se ritiene necessario acquisire ulteriori prove, la commissione emetterà un'ordinanza (non impugnabile separatamente dalla decisione) con la quale eserciterà i suoi poteri istruttori. Essa potrà dunque effettuare accessi o richiedere dati, informazioni e chiarimenti, con poteri individuati attraverso un rinvio a quelli attribuiti agli uffici fiscali delle singole leggi d'imposta, o quando debba acquisire conoscenze di carattere tecnico particolarmente complesse, chiederà relazioni agli organi tecnici della pubblica amministrazione, oppure nominerà un consulente tecnico d'ufficio. Non è invece dato alla commissione tributaria il potere di disporre il giuramento o la prova testimoniale.

La funzione dei poteri istruttori processuali è principalmente di controllo e verifica della regolarità delle risultanze del istruttorie, già svolte in sede amministrativa. È tuttavia possibile che materiale probatorio raccolto sia insufficiente per superare l'incertezza sui fatti controversi; opererà allora il principio generale dell'onere della prova, in forza del quale il giudice deve decidere come se quei fatti non si fossero realizzati e dunque in senso sfavorevole alla parte che aveva interesse a dimostrarli; grava invece sull'ufficio l'onere di dimostrare i fatti sfavorevoli al contribuente sui quali si basa la sua pretesa. La mancata dimostrazione dei primi comporterà il rigetto del ricorso, mentre quella dei secondi dell'annullamento dell'atto impugnato.

La definizione della controversia o di alcuni profili di essa può però discendere, anziché da una sentenza, da un accordo delle parti, su cui il giudice non può esercitare alcun sindacato di merito, ma solo un formale controllo di ammissibilità, risolventesi nella verifica del rispetto di certe regole procedimentali.

La conciliazione può essere proposta da ciascuna delle parti all'altra con istanza di discussione in pubblica udienza, o tentata in udienza dalla commissione stessa. Se le parti si accordano è redatto apposito processo verbale con l'indicazione di somme dovute, costituente titolo per la riscossione, mediante versamento diretto, da eseguire entro 20 giorni affinché la fattispecie della conciliazione sia completata. Se la conciliazione non esaurisce le questioni controversie, il processo continua su queste, altrimenti è dichiarato estinto con sentenza.

Fasi impugnazione ed esecuzione della sentenza.

I principi fondamentali in materia di impugnazioni operano anche nel processo tributario. Perciò saranno impugnabili solo le sentenze con provvedimenti aventi contenuto sostanzialmente decisorio e la legittimazione ad impugnare spetterà ai soggetti che siano stati parti nel precedente grado di giudizio.

Per avere interesse ad impugnare, la parte deve essere risultata soccombente, situazione in cui possono trovarsi entrambe le parti (in caso di accoglimento/rigetto parziale).

Per quanto concerne i termini di impugnazione, sono previsti sia quello breve di 60 giorni decorrenti dalla notificazione della sentenza a distanza di parte, sia quello di un anno di pubblicazione.

La sentenza di primo grado può essere impugnata con appello alla commissione regionale.

L'atto di appello, deve indicare la decisione impugnata, la commissione regionale a cui è diretto, l'appellante e le altre parti, l'oggetto della domanda, ed esporre i fatti di causa e di motivi specifici di impugnazione e deve essere sottoscritta secondo le regole del ricorso in primo grado, il tutto a pena di inammissibilità. I motivi devono indicare le ragioni per le quali ci si duole della sentenza impugnata.

È stabilita l'inammissibilità di nuove domande, e anche il divieto di nuove eccezioni, salvo quelle rilevabili d'ufficio. Le parti possono produrre nuovi documenti, ma devono dimostrare di non aver potuto introdurre le nuove prove nel precedente grado per causa ad esse non imputabili.

La devoluzione non comporta la possibilità di ampliare la materia del contendere, rispetto al giudizio di primo grado.

La fase introduttiva dell'appello è analoga a quella di primo grado: presentazione tramite notifica del ricorso in appello a tutte le parti che hanno partecipato al grado precedente, deposito di esso nella segreteria della commissione regionale, costituzione delle altre parti mediante deposito di controdeduzioni, nelle quali può essere proposto appello incidentale.

Anche per il resto del procedimento valgono in quanto applicabili le norme relative al primo grado, pure riguardo ai poteri presidenziali.

Quanto al contenuto della decisione essa potrà essere, come in primo grado, *di rito o di merito* (in questo caso si sostituirà a quello

di primo grado). È disposta la remissione alla commissione provinciale, al posto della decisione nel merito, quando risultino l'irregolare costituzione del contraddittorio con l'illegittima composizione del collegio giudicante, l'erronea negazione della giurisdizione o della competenza o dichiarazione di estinzione del processo, nonché la mancata sottoscrizione della sentenza di primo grado. In tal caso il processo proseguirà d'ufficio con la trasmissione del fascicolo da parte della segreteria, dopo l'inutile decorso dei termini per impugnare la sentenza. È prevista la ricorribilità per Cassazione di sentenze della commissione regionale.

Anche il processo tributario prevede l'esperibilità della revocazione , ossia l'impugnazione rivolta contro una decisione il cui giudizio sul fatto appare viziato da determinate anomalie, per far valere le quali non sono impiegabili altri mezzi, e diretta allo stesso organo che ha pronunciato tale decisione.

Si distinguono: **a)** la revocazione ordinaria, basata su motivi immediatamente riconoscibili dalla parte interessata e pertanto da proporre in tre termini consueti, contro sentenze non ancora passate in giudicato ma non più impugnabili sul punto; **b)** revocazione straordinaria, basata su vizi occulti e perciò proponibile persino contro sentenze passate in giudicato entro 60 giorni dal verificarsi dei presupposti di. La disciplina è quella del procedimento davanti alla commissione e questa, se accerta la fondatezza dei motivi di revocazione,decide nel merito della causa e adotta provvedimenti; la decisione è soggetta agli stessi mezzi di impugnazione cui era soggetta a quella revocata.

Le sentenze delle commissioni tributarie sono immediatamente efficaci, ancorché soggette ad impugnazione;tuttavia, la sentenza che riconosce il diritto al rimborso sarà eseguibile o attivamente solo se passata in giudicato, secondo gli strumenti dell'esecuzione forzata civilistica, oppure tramite il giudizio di ottemperanza agli obblighi derivanti dal giudicato.

Printed by Amazon Italia Logistica S.r.l.
Torrazza Piemonte (TO), Italy

60616607R00074